Benjamim Santos

Hemingway e Paris { um caso de amor }

Benjamim Santos

Hemingway e Paris { um caso de amor }

Segunda edição
Atualizada e com encarte de fotos
comentadas pelo autor

100 anos da chegada de Hemingway a Paris
Dezembro de 1921
60 anos da morte de Hemingway
Julho de 1961

GRYPHUS

Rio de Janeiro

© Benjamim Santos, 2021

Revisão
Ligia Lopes Pereira Pinto

Editoração eletrônica
Rejane Megale

Capa
Carmen Torras – www.gabinetedeartes.com.br

Ilustração de capa e miolo
Axel Sande

Fotos de O Escritor na Cidade, 2021 – Páginas 1, 3, 4 e 6
Mú Carvalho

Adequado ao novo acordo ortográfico da língua portuguesa
Direitos autorais das fotografias no miolo do livro são reservados e garantidos

CIP-BRASIL. CATALOGAÇÃO-NA-FONTE
SINDICATO NACIONAL DOS EDITORES DE LIVROS, RJ
....
S233h
2. ed.

Santos, Benjamim, 1939-
 Hemingway e Paris : um caso de amor / Benjamim Santos. - 2. ed. - Rio de Janeiro : Gryphus, 2021.
 250 p.

 Inclui bibliografia
 "Segunda edição atualizada e com encarte de fotos comentadas pelo autor"
 "100 anos da chegada de Hemingway a Paris, dezembro de 1921"
 "60 anos da morte de Hemingway, julho de 1961"
 ISBN 978-65-86061-27-7

 1. Hemingway, Ernest, 1899-1961 - Residências e lugares habituais - França - Paris. 2. Escritores americanos - Biografia. I. Título

21-73410   CDD: 928.1
                        CDU: 929:821.111(73)
....

GRYPHUS EDITORA
Rua Major Rubens Vaz 456 — Gávea — 22470-070
Rio de Janeiro — RJ — Tel.: (0XX21) 2533-2508 / 2533-0952
www.gryphus.com.br — e-mail: gryphus@gryphus.com.br

Edição dedicada a
Regina Bilac Pinto
e
Gisela Zincone

Sumário

Paris é uma festa móvel e deslumbrante 9

A vida como no cinema............................ 13

Formação de um americano........................ 19

La Belle Époque 25

Um garoto na guerra............................. 29

Na terra dos ianques 37

Iniciação 47

No centro do mundo 61

Um ano de muitas viagens........................ 71

O parisiense.................................... 79

Sob o signo de Paris 93

Sem o idílio dos primeiros anos.................... 103

Adeus, Paris.................................... 115

Uma ilha no golfo 121

Amor em tempo de guerra........................ 133

Libertação da cidade amada....................... 143

Ritz, o hotel.................................... 159

Felicidade entre mangueiras 169

Paris, Anos Cinquenta.................................. 185

A sétima arte... 193

A vida por decifrar 209

O fim de um romance 219

Cronologia de Paris 229

Cronologia de Hemingway 235

Bibliografia de Hemingway............................ 241

Filmografia de Hemingway............................ 243

Bibliografia básica sobre Hemingway 247

Paris é uma festa móvel e deslumbrante

Há sessenta anos Ernest Miller Hemingway dobrava os sinos da literatura e da história. Em dois de julho, sob o signo de Câncer, o lendário escritor usurpou anos de sua vida com a mesma coragem com que viveu.

A intensidade dessa existência é recontada neste livro mui particular de Benjamim Santos, fluente narrador, visceral conhecedor da alma e do estilo parisienses e o mais profundo legatário brasileiro da cosmovisão de Hem, como carinhosamente elege Ernest nesta bela, vasta e rica evocação sobre o fértil e o singular amor que permaneceu registrado na mobilidade do tempo entre Hemingway e Paris, em romances, contos, reportagens, missivas e nas memórias contidas em *Paris é uma festa*, que aborda a sua juventude na *Ville-Lumière*.

Paris, cidade cuja ambiência exalta em si, charme, grandiosidade, cultura, arte e beleza. Terá Hem aprendido a amar com os parisienses? *Paname*, que possui o símbolo mágico para os amantes, misticamente uma urbe contempladora da sedução. Paris do encantamento e dos *parigots*, mas também uma capital metafórica e misteriosa na vida de Hem.

Hemingway é cultuado por sua trajetória mítica. Desde a infância era afeito às armas, às caçadas de animais silvestres, ao boxe, à pesca e amava gatos. Possuía porte físico de homem resistente e valente, que apreciava uma boa bebida com álcool.

Hem fez a vida como jornalista profissional e, sobretudo, como escritor: contista, romancista e também poeta.

Seus livros jamais saíram de catálogo no mundo inteiro, sendo um best-seller com *O velho e o mar* (Prêmio Pulitzer, de 1953, que lhe rendeu também o Nobel de Literatura no ano de 1954) e *Paris é uma festa* (esse vendeu milhares de exemplares em novembro de 2015, quando *une ilustre dame* teve o delicado gesto de colocar um exemplar da obra entre as flores e as velas acesas, na calçada da casa de espetáculos *Bataclan*, onde noventa pessoas haviam sido mortas pelo atentado terrorista de fundamentalistas islâmicos).

Hemingway está presente, sempre esteve, eis a verdade. Certamente, é o escritor mais amado de todos os tempos e o mais reconhecido e homenageado. É aquele que exerce deslumbramento e move paixões.

É nome de um asteroide, que orbita o sol, o *3656 Hemingway*. É um prato gastronômico dos mais pedidos no restaurante *La Closerie des Lilas*, o *Filé Hemingway*. Batiza o bar do Hotel Ritz, o *Bar Hemingway*.

O Harry's Bar, na romântica cidade italiana de Veneza, faz parte do cenário narrativo de Hem.

Todos os anos, no mês do nascimento e da morte de Hem, em julho, acontece o Festival Hemingway, em Key West, na Flórida, quando é escolhido o sósia do ano pela Sociedade de Sósias de Hemingway.

Hemingway é uma categoria de bêbado, dos mais resistentes, daqueles que não ficam ébrios após ingerirem uma garrafa de uísque.

Seus livros foram incinerados pelos nazistas na Alemanha, em 1933. Alguns lugares que Hem frequentava em Paris, Veneza e Havana tornaram-se pontos turísticos a partir de seus livros.

Benjamim Santos oferece em vinte e um capítulos um mergulho extraordinário e inesquecível pelo universo de Hemingway, através das veias abertas pelo próprio escritor no velho Paris, dentre os anos de 1921 a 1959.

Hem esteve pela primeira vez em Paris na Guerra, em 1918, enquanto a cidade estava sendo bombardeada pelos alemães. Retornou na década de vinte, nos chamados *anos loucos*, quando Paris se refazia, com centenas de homens feridos e marcados pela guerra, uma *geração perdida*.

Hem também passou por Paris no entre guerras, com a cidade já apaziguada e já sem aquela multidão de americanos, quando a caminho do continente africano.

Uma vez mais, desembarcou em Paris, nos anos quarenta, na festa da Libertação de Paris, quando nascia o Existencialismo, bem como por lá esteve pela última vez na paz dos anos cinquenta.

A dicção em primeira pessoa confere ao livro intimidade. Mais do que uma biografia entrecortada pelas paisagens seculares de Paris, esta peça é um relicário fiel de impressões, de sentimentos, de exaltações, de leituras e de releituras, de registros sociológicos e hagiológicos.

Benjamim consegue ainda realizar um apanhado historiográfico da própria cultura dos anos vinte, trinta, quarenta e cinquenta do século vinte, com análises comparadas sobre a literatura e sobre a sétima arte.

Esta segunda edição de *Hemingway e Paris – um caso de amor*, ampliada com fotografias e caprichada pelo selo da *Gryphus*, nesta época em que se registram cronologicamente os sessenta anos da ausência física de Hemingway é um notável acontecimento que evidencia a elegância e a sutileza das anotações ímpares do flanar de Benjamim Santos sobre o requinte e o esplendor de Paris, com a eternidade e a bravura humana do inesquecível Hemingway.

Diego Mendes Sousa

A vida como no cinema

Somos todos moldados pelo que fazemos, pensou ele.
No entanto, façamos o que fizermos de nossas vidas,
só nosso talento pode distingui-las.

– *As Neves do Kilimanjaro*, conto

Jake Barnes, nascido em Kansas City, e seu amigo Bill Gorton seguem beirando o Quai d'Orléans, na Île Saint-Louis. É noite quando passam para a *rive gauche*, atravessando o rio pela ponte de madeira do Quai de Béthune, com os olhos presos na Catedral de Notre-Dame. Sobem pela Rue du Cardinal Lemoine até a Place de la Contrescarpe, onde brechas de luz cintilam pelas folhas das árvores. Descem pela Rue du Pot-de-Fer, pegam a Rue St-Jacques e passam pelo Val-de-Grâce dirigindo-se ao Boulevard de Port-Royal e à Montparnasse. Deixando para trás os vários cafés, chegam ao Select, onde se sentem como se estivessem em casa. Este é o roteiro de uma das muitas caminhadas de Jake pelo velho Paris dos anos vinte do século passado narradas pelo jovem americano Ernest Miller Hemingway em seu primeiro romance, *O sol também se levanta*, lançado em 1926.

No início da década de vinte, Ernest Hemingway e Paris começaram um caso de amor com uma lua de mel carregada de sensualidade e romantismo apesar do namoro que o rapaz já mantinha com a Itália e da paixão que iria brotar pela Espanha. Depois de dez anos de convivência amorosa e uma pequena desilusão, o escritor deixou Paris e a relação entre os dois tornou-se como a dos casais que se amam ardentemente mas preferem viver em casas separadas, visitando-se com frequência. Tais visitas sucederam-se por três décadas. Tanto o ianque ia a Paris como Paris a ele, onde quer que ele estivesse, porque Paris não desgrudava dele.

Em Paris, Hemingway nunca foi visto como alguém famoso, assediado, perseguido por jornalistas. Mesmo depois de rico, em hotel de luxo, jamais era notícia, como na África, de onde seus safáris eram cobiçadas notícias internacionais, ou como na Espanha, saudado pela multidão quando chegava a uma Praça de Touros, nos anos cinquenta. Uma vez, o jovem Gabriel García Márquez o viu caminhando pelo Boulevard Saint-Michel mas nem ousou aproximar-se. Seu momento de maior exaltação pelas ruas de Paris foi contado somente por ele mesmo, em reportagem de guerra sobre o dia em que os alemães foram expulsos, em 1944.

Sessenta anos depois de sua morte, Paris mantém vivos, carregados de lembranças, muitos dos seus lugares na cidade dos anos vinte aos cinquenta: a Rue du Cardinal Lemoine, a Place de la Constrescarpe, Rue Mouffetard, Jardin du Luxembourg, Rue de l'Odéon, a livraria Shakespeare and Company, a Closerie des Lilas, o Dingo Bar, o Harry's Bar...

Ernest Hemingway escreveu sobre Paris, ou pelo menos citou a cidade, em quase todos os gêneros que adotou: poema, conto, romance, teatro, prefácio, memória, artigos e reportagem, além de cartas a amigos e parentes. Apenas dos contos infantis a cidade foi excluída. Mas, mesmo com o amor sempre declarado, nenhuma de suas obras de ficção tem a trama totalmente centralizada em Paris, salvo um conto curto, *Mudança de Ares*, que se passa dentro de um café. Como que para dar um toque de charme, a história de amor de Hemingway e Paris começa em plena *Belle Époque*, no finzinho do século XIX, quando o garoto nasceu no Illinois e Paris se preparava para o novo século.

Os últimos anos dos oitocentos foram marcados pela morte de muitos dos grandes artistas que haviam dominado o século. Entre 1881 e 1899, isto é, entre a morte de Dostoiévski e a de Johann Strauss, morreram Ivan Turguêniev, Richard Wagner, Victor Hugo, Franz Liszt, Van Gogh, Arthur Rimbaud, Walt Withman, Guy de Maupassant, Robert Louis Stevenson, Paul Verlaine, Alphonse Daudet, Johannes Brahms, Stéphane Mallarmé e Lewis Carroll. Com as mortes de Oscar Wilde, em 1900, de Verdi, em 1901, e de Émile Zola, em 1902, praticamente encerrou-se a grande arte do século passado. É verdade que alguns escritores ainda prolongariam a vida século XX adentro, como Leon Tolstói e Mark Twain, mortos em 1910, mas suas grandes obras haviam sido criadas muitos anos antes da virada do século.

E enquanto a morte carregava aqueles derradeiros oitocentistas, a vida despontava para a maioria dos que iriam dominar os cem anos seguintes. Durante a década de 1880, nasceram Stefan Zweig, Pablo Picasso, Georges Braque, Igor Stravinski, Virgínia Woolf, James Joyce, Franz

Kafka, Ezra Pound, Nikos Kazantzakis, D. H. Lawrence, Marc Chagal, Heitor Villa-Lobos, T.S. Eliot, Juan Gris, Charles Chaplin, Eugene O'Neill, Jean Cocteau, Fernando Pessoa. Nos anos noventa: Henry Miller, Boris Pasternak, Joan Miró, Agatha Christie, Aldous Huxley, Vladmir Maiakovski, Scott Fitzgerald, Antonin Artaud, John dos Passos, William Faulkner, Alexander Calder, Jean Renoir, André Breton, Thornton Wilder, René Clair, René Magritte, Bertold Brecht, Vladimir Nabokov, Sergei Eisenstein, Federico García Lorca e Ernest Miller Hemingway, que nasceu às oito da manhã de 21 de julho de 1899, cem anos depois do nascimento de Honoré de Balzac. Era um dia de céu claro e sol brilhante em Oak Park, cidadezinha do meio-oeste americano, a doze quilômetros de Chicago.

O fio da vida de Ernest Hemingway parece um bem-acabado roteiro de filme, com direito a locações em várias regiões dos Estados Unidos, Canadá, França, Itália, Espanha, Suíça, Bélgica, Áustria, Alemanha, Turquia, China, Quênia, Uganda, Filipinas, Cuba e praias desertas do Golfo do México. Um filme com elementos de quase todos os gêneros do cinema americano: aventura, perigo, pescaria, caçada, corridas de bicicleta e de cavalo, esportes de inverno, acidentes (várias formas de acidentes), ameaças de suicídio, muitos suicídios, cais de porto, brigas de galo, lutas de boxe, pancadaria, touradas, belas mulheres, amor, ciúme, infidelidade conjugal, separações, divórcios, armas, contrabando de bebidas, safáris, desastres aéreos, perseguição a submarinos, duas grandes guerras e várias outras menores, revoluções em república latino-americana, bares, restaurantes e hotéis de luxo, astros e estrelas do cinema, jantar na Casa Branca, trabalho, muito trabalho, depressão, mania de perseguição, internações em clínicas sob nome falso, tratamento à base de choque elétrico e um final violento, numa manhã de domingo, com um tiro de espingarda.

Em meio a tudo isso: Paris, a mais duradoura relação amorosa do escritor.

Desde os vinte e três anos, Ernest Hemingway escreveu bem. Aos vinte e sete passou a vender tudo que escrevia e ganhar um bom dinheiro com isso. Enriqueceu, casou quantas vezes desejou, envolveu-se em situações de perigo e aventura, praticou esportes caros e rejeitou a vida social americana exilando-se em Paris, depois numa ilhota ao largo da Flórida e em Havana. Por mais de trinta anos, a maioria dos acontecimentos particulares de sua vida teve repercussão mundial. Se os leitores tratavam de copiar seus costumes e maneiras, os jovens escritores se deixavam influenciar por seu estilo ou o imitavam.

Alguns dos elementos que geraram essa identificação do escritor com o público foram a unidade e a harmonia encontradas na vida de Ernest Hemingway e na obra criada por ele. Nada parece imaginário ou fictício; nem na vida, nem na obra. O que se encontra nos livros aparece estampado em fotografia nas revistas. As paixões se desenrolam em constante comunhão com a natureza, tudo como um intercâmbio: homem e terra e floresta e água e neve e vento e bicho e peixe... Também, ao mesmo tempo, nada parece real, de tal modo tudo é tão distante do leitor comum, desprovido de dinheiro para viver tantas e tais aventuras. Desde o aparecimento dos primeiros contos e romances, lançados nos anos vinte, muitos dos seus companheiros de literatura admitem ou renegam sua influência sobre eles. Os críticos literários mergulham na análise de suas obras enquanto a maioria dos biógrafos se divide entre apaixonados, detratores ou sensacionalistas. Da mesma forma, seus leitores também se distinguem. Há os que admiram cada um dos seus livros pela força literária; os que se agarram às aventuras do autor e se prendem ao que ele escreveu a partir delas, e os que o rejeitam, acusando-o de predador da natureza, machista, exibicionista, impotente sexual, brigão e outras coisas mais. Nenhum escritor do século XX teve a vida e a personalidade tão julgadas e, por muitos, condenadas. Todos, porém, se dobram diante da beleza de alguns dos seus livros.

As pessoas de sua época o conheceram através de sua ficção, mas logo se deixaram fascinar ao perceberem que vida e obra conviviam integradas, misturando-se, numa e noutra, doses iguais de imaginação e realidade. Com o tempo, à medida que mais se conhecia a vida do escritor mais o fascínio se intensificava elevando o homem ao terreno da paixão, da lenda e do mito.

Desde sua morte, em 1961, se mais algum detalhe de sua vida é descoberto ainda gera notícia, como a informação aparecida na Internet de que, em Cuba, ele havia sido informante do FBI sobre atividades da Falange, partido espanhol franquista. Cada foto inédita é uma nova revelação. A vida do homem tornou-se tão importante para o leitor quanto a obra criada por ele. Vida e obra intimamente ligadas, como que fundidas, num processo que jamais chega ao confessional. Tudo recriado, no plano da ficção. Tudo ressurgindo da observação e da memória, transfigurado, límpido. A respeito de Paul Cézanne, Maurice Merleau-Ponty intuiu algo que cabe igualmente a Ernest Hemingway: "É certo que a vida não explica a obra, porém certo é também que se comunicam. A verdade é que esta obra a fazer exigia esta vida".

Embora não seja ligado em ocultismo, por curiosidade, consultei algumas ciências de previsão sobre as pessoas nascidas naquele ano e naquele dia e soube que, conforme o horóscopo chinês, 1899 foi o Ano do Porco. Para quem nasce sob a regência do Porco, os chineses apontam características como coragem, resolução, honestidade, empenho, força moral, simplicidade, ânsia pelo prazer, sinceridade, cavalheirismo, agressividade repentina, compreensão, camaradagem, habilidade nos ganhos financeiros, dedicação, segurança e decisão. São pessoas governadas pelo elemento Terra, o que reforça sua dedicação ao trabalho, luta por objetivos bem definidos, ambições nunca acima de seu alcance, firmeza, paciência e solicitude. Por sua vez, a astrologia ocidental apresenta os nativos de Câncer, cujo astro governante é a Lua, como indivíduos de temperamento instável, voltados para o lar e a família, extremamente sensíveis, emotivos, apaixonados pelo conforto, medrosos da solidão, afetuosos, vulneráveis às críticas e muito seguros quanto à sua habilidade para tudo. Por fim, no Tarot de Marselha, o arcano correspondente a 1899 (somando-se os algarismos, temos 27 que resultam em 9) é o Eremita. A imagem desta carta é um homem de idade avançada, barbas longas e brancas, andando apoiado a um bastão e conduzindo uma lanterna próxima ao rosto. Seu andar é seguro; o olhar, firme. Interpretado, o arcano fala da busca de conhecimento, espírito de decisão, prudência, reflexão, caminhada e sabedoria. Sem dúvida, qualquer biógrafo dirá que todas essas características, reunidas, compõem um perfeito retrato de Ernest Miller Hemingway.

Formação de um americano

E naquela manhã cedo, no lago, sentado na popa do barco, com o pai remando, ele teve absoluta certeza de que jamais morreria.

– *Acampamento de Índio*, conto

Ernest Miller Hemingway era um neném de menos de dois meses quando seus pais o levaram numa primeira viagem, de Oak Park, onde havia nascido e morava, até o sítio que possuíam às margens de um lago, no Michigan, aquele Estado cravejado de lagos e florestas que faz fronteira com o Canadá. Era a primeira viagem de alguém que, por toda a vida, amará conhecer lugares e rever aqueles que amar. Com um ano de idade, sua mãe o vestia com roupas de menina, vestidinhos longos, cheios de babados, iguais aos da irmã mais velha, Marcelline, e o chamava "minha bonequinha de porcelana holandesa". Por toda a infância e adolescência, o garoto passou férias no Michigan, na casa da família à beira do lago Walloon, região de florestas, rios e riachos com trutas, e pequenas cidades e aldeias. A viagem de Oak Park até o sítio era longa e cansativa, feita de trem até Chicago, navio para Harbor Springs, trem para Petoskey, outro até o lago Bear e, por fim, barco até o trapiche diante do chalé. Aí, a família Hemingway passava o verão de cada ano e foram nesses períodos de férias que o garoto aprendeu a nadar, pescar, limpar e grelhar trutas, atirar com espingarda, caçar aves e animais silvestres (guaxinins, esquilos, gambás), conhecer índios de tribos em extinção, andar por trilhas desconhecidas, pegar carona nos trens, mergulhar no silêncio da solidão e, sobretudo, amar a natureza, pensar livremente, tomar decisões, acreditar que viver é estar sempre em condição de perseguido ou perseguidor até perceber que o vencedor, no final das contas, não leva nada. Integrado à floresta, tornava-se um dos seus seres e dela se nutria.

A propriedade da família ficava a uns seis quilômetros de Horton Bay, a povoação mais próxima. Em torno da casa: a água do lago e dos rios e a floresta feita de bosques de olmos, carvalhos, pinheiros e abetos. Rapazinho, durante as férias, trabalhava pesado cortando e carregando lenha, cavando buracos fundos para o lixo, cultivando batatas, fazendo a colheita das maçãs, além, é claro, de nadar, caçar, pescar e penetrar na floresta em longas excursões. Falador, sempre bem-humorado, adorava apelidos substituindo os nomes das pessoas. Chamava-se, a si mesmo, Ernie, Oinbones, Weminghay, Wemage, Stein, Mowtain, Hem, Hemmy, Ernest Hemingstein e até mesmo um quixotesco Ernest de la Mancha Hemingway. Jamais gostará de ser chamado Ernest.

Doutor Clarence Edmunds Hemingway, o pai do garoto, era alto e forte. Vestido em austero terno escuro, assumia um ar comedido e grave. Médico, circuncidou o filho, sem anestesia, no seu segundo mês de vida, aproveitando que sua mulher tivesse ido a Chicago. Essa cirurgia a cru foi a iniciação de Ernest Miller Hemingway no mistério da dor, um mistério que haverá de acompanhá-lo vida afora sob as mais diversas modalidades. Para enfrentá-lo, terá de se tornar forte e durão, características viris que muitos dos seus detratores jamais perdoarão no futuro escritor, como se ele precisasse desse perdão.

Mais devotado ao pai que à mãe, Ernie dedicava ao doutor Clarence o máximo de sua afeição filial. Com ele, se iniciou no amor à natureza, à retidão, ao dever, à dignidade, à honra. Também com ele, entregou-se às paixões pela caça e pela pesca. Uma das primeiras lições recebidas foi a de que jamais caçasse se o animal caçado não lhe fosse servir de alimento. Mais tarde, tudo que o filho escrever tendo o doutor Clarence como modelo será tão terno quão nostálgico e afetuoso. Se não agradava muito à mãe, que o queria músico, era a esperança do pai, que o desejava médico.

Mulher de cultura musical e voz de cantora lírica, Grace Hall, mãe de Ernie, tentou fazer dele um músico. Por insistência dela, o garoto teve de estudar violoncelo. Estudou, mas não se interessou pelo instrumento. Em setembro de 1913, começou o curso secundário na Oak Park High School e se inscreveu em diversas modalidades de atletismo. Seu desenvolvimento físico, que fora lento na infância, tornou-se rápido a partir dos quinze anos. Se, em maio de 1914, o garoto media um metro e sessenta, pesando cinquenta quilos, em setembro do mesmo ano já media 1.75 e pesava 64 quilos. Escrevia artigos para o jornal e a revista da escola divertindo-se em imitar o estilo de Ring Lardner, um jornalista de esportes que estava na moda. No penúltimo ano do curso, matriculou-se nas cadeiras de Jornalismo e Redação Literária. Nas aulas de Jornalismo, a professora ensinava truques para prender a atenção do leitor, técnicas para transmitir a informação com clareza e como deixar a matéria pronta. Em Redação Literária, aprendeu como repudiar afetação, maneirismos, clichês e sentimentalismo piegas. Foi sua iniciação na escrita enquanto estilo e técnica. Por essa época, já escrevia contos, embora ainda não tivesse determinação de se tornar um escritor. No último ano da escola, participou da equipe de natação, esporte em que se destacava pelos longos mergulhos; apresentou-se tocando violoncelo com a orquestra dos alunos; fez tiro ao alvo e teve aulas de boxe numa academia particular. Alegre e brincalhão com a turma de companheiros, contava histórias passadas no Michigan. Muito se alegrava em dançar e se fez um bom dançarino, mas ainda não conseguira nenhuma garota para namoro.

Em abril de 1917, os Estados Unidos declararam guerra à Alemanha. Pela primeira vez, o país ia participar de um conflito internacional; mandar seus rapazes para lutar em lugares muito distantes do seu território. As únicas histórias de guerra que esses rapazes conheciam eram aquelas contadas por seus pais e avós, que haviam guerreado entre si, os do norte contra os do sul, há cinquenta anos. E a participação americana na matança europeia tornou-se o principal assunto da nação, empolgando a juventude.

No final da primavera, Ernie terminou o curso secundário, mas não quis ingressar na Universidade. Preferiu partir para o trabalho; iniciar vida independente. Antes disso, porém, seguiu para mais um verão no Michigan. Talvez tenha sido nesse verão que, pela primeira vez, deitou-se com mulher nalguma clareira da floresta e perdeu a virgindade. Há boato de que a moça tenha sido Prudence Boulton, uma indiazinha, filha de Nick Boulton, mais conhecida como Prudy.

Em outubro, para tristeza do pai e desesperança da mãe, o garoto partiu para Kansas City, cidade de trezentos mil habitantes, na confluência dos rios Missouri e Kansas, na região central do país. Aí, com a ajuda do tio Alfred Hemingway, conseguiu um emprego como repórter no *Kansas City Star*, poderoso jornal da cidade e um dos mais importantes do país. Doutor Clarence Hemingway, sozinho, foi levar o filho à estação, ficando junto dele até o momento em que o garoto subiu para o vagão e o trem deu partida.

Dois dias depois de ter chegado a Kansas City, Ernie começou a trabalhar em fase de experiência, ganhando quinze dólares por semana. Como repórter de rua, em pouco tempo foi aprovado e passou a cobrir toda uma área popular da cidade que incluía a estação de trem, o Hospital Geral (onde se informava sobre crimes e acidentes), salões de sinuca, de dança e rinques de patinação. Nesses lugares, vivia em contato diário com gente do tráfico de drogas, assassinos, homossexuais e prostitutas, parcelas marginais de uma cidade em que viviam imigrantes irlandeses, alemães, italianos, mexicanos, com uma população de cujo total 20% eram negros. Sedutor e esperto, Ernie fez aproximação e amizade com muita gente de sua zona de trabalho, inclusive com um médico do hospital, que passou a acompanhar nas visitas noturnas à penitenciária e até o ajudava a aplicar injeções nos prisioneiros viciados em droga.

Dividindo um quarto com Carl Edgar, velho amigo dos verões do Michigan, alistou-se na Guarda Nacional, com treinamentos às terças-feiras e manobras ocasionais. Em novembro, já estava querendo seguir para o *front*, mas sabia que, com sua visão míope, jamais seria aceito como soldado. Realmente não foi.

Certo dia, chegou um novato no jornal, Ted Brumback, quatro anos mais velho que ele, cego de um olho, mas que, mesmo assim, havia servido na França, como motorista de ambulância. Interessado, Ernie ouvia histórias da guerra que Ted contava. Em fevereiro do ano seguinte, quando foi aberto o recrutamento voluntário de rapazes para dirigirem ambulâncias da Cruz Vermelha na Itália, Ernie se inscreveu e foi aceito.

Em abril, despediu-se de Kansas City e passou em Oak Park, a caminho do Michigan, seu lugar de recolhimento. Aí, soube que a garota

Prudy havia se suicidado. Mas demorou pouco na floresta porque foi chamado para se apresentar em Nova York a 13 de maio. Faltando 69 dias para completar dezenove anos, Ernest Hemingway deixou novamente a casa dos pais, agora em missão perigosa, sabendo-se lá o que poderia acontecer a um jovem audaz e temerário dirigindo ambulância pelas montanhas italianas em tempo de guerra.

La belle époque

Paris vale sempre a pena, e retribui
tudo aquilo que você lhe dê.

– *Paris é uma Festa*, memórias

Em Paris, no ano em que nasce o garoto do Illinois, obras e mais obras estão em andamento avançado. De leste a oeste, a cidade está rasgada para a construção da primeira linha do Metrô. Em Montmartre, no topo da colina, há quase trinta anos, operários continuam a construção do Sacré-Cœur, grandiosa basílica dedicada ao Sagrado Coração de Jesus em ação de graças pelos alemães não terem cometido maiores males à cidade durante o cerco de 1870-71. A ponte Alexandre III, a de decoração mais luxuosa da cidade, encontra-se em fase final de acabamento. É uma construção majestosa celebrando a amizade entre França e Rússia. O trabalho de construção da Gare d'Orsay, começado há um ano, deverá ficar pronto em poucos meses para que a estação comece a funcionar como ponto final da linha Orléans-Paris.

Chegando ao fim do século XIX, a cidade recebe as honras do mundo por sua beleza e grandiosidade. É o centro das atenções, para onde se dirigem artistas dos vários continentes em busca do lugar ideal para criar e mostrar suas criações. A luminosidade de Paris encanta e fascina pintores das mais diversas nacionalidades. É a Cidade Luz. E é também o centro das experiências aerostáticas. Dezenas de balonistas, com os brasileiros Augusto Severo e Alberto Santos Dumont entre eles, buscam o céu tentando dominar o ar. Mas Paris está imerso em pesado clima emocional pois o processo do capitão Alfred Dreyfus continua dividindo os parisienses e parece não ter fim. E todos ainda guardam ódio dos alemães que há trinta anos violaram sua cidade sagrada.

Livre já das dívidas que os franceses tiveram de pagar à Alemanha como indenização de guerra, a cidade está em preparação para a chegada do novo século e, com ele, a grande Exposição Universal de 1900. O Grand Palais e o Petit Palais, duas construções erguidas para a Exposição, estão em fase final de acabamento. A Torre Eiffel, inaugurada em 1889, glorificação máxima da idade do ferro na construção parisiense, embora ainda não seja aceita por todos os nativos, encanta o viajante estrangeiro. Mas a grande estrela das diversões nessa virada de século é um nenenzinho de apenas quatro anos de idade, o cinematógrafo. Entre

1899 e 1902, enquanto Georges Méliès está introduzindo a ficção no cinema, Léon Gaumont produz cerca de trezentos filmes e Charles Pathé está começando a criar uma poderosa empresa de produção e distribuição. É o apogeu da *Belle Époque* parisiense, dominada por princesas e condessas, príncipes, duques, barões e cortesãs. Uma época em que homens e mulheres usam chapéu e quase todos os homens exibem bigodes nos mais diferentes estilos. As saias vão até ao chão e as meias compridas são sempre pretas. Bengalas e sombrinhas fazem-se indispensáveis nos passeios pelos Champs-Elysées ou pelo Bois de Boulogne.

No início de 1901, explode a primeira greve dos metroviários fazendo com que o parisiense se inicie na falta dos trens, um desassossego que, aqui e ali, acontecerá ao longo de todo o século. Dois anos depois, ocorre o primeiro grande acidente de composições, com muitos feridos e mortos.

A essa altura, Montmartre é o bairro preferido de artistas e boêmios. São muitos os pintores que moram em suas ladeiras, frequentam seus cafés e pintam em ateliês ou pelas esquinas. Mas a sociedadezinha burguesa está amedrontada com os apaches, rapazes de origem pobre, nascidos nos bairros populares, que viram suas famílias serem expulsas dos seus próprios bairros para morar mais longe, vítimas da corrida imobiliária. Revoltados, os apaches criam para si mesmos um código de vida, e, com suas ações, perturbam a paz das classes média e alta da cidade, até que desaparecem, engolidos pela própria sociedade na qual pretendiam se inserir.

Outro fenômeno social tipicamente parisiense, as cortesãs, tendo alcançado o topo do brilho na segunda metade do século anterior, começa também a declinar. Paris jamais voltará a exibir cortesãs de luxo como antigamente, quando até mesmo o Imperador Napoleão III manteve uma delas como amante.

Na primeira década do novo século, depois dos dirigíveis e do primeiro voo de um mais pesado que o ar, intensifica-se a atuação dos pioneiros da aviação francesa com voos cada vez mais longos, voos de Louis Blériot, Delagrange e Gabriel Voisin, enquanto Santos Dumont encanta os parisienses voando na pequenina Demoiselle. Aparecem os primeiros ônibus, embora os bondes puxados por cavalos continuem pelas ruas até 1913. Por essa época, é impossível para a população esquecer os alemães, não só pelo que fizeram em 1870 como pelo que podem estar preparando agora. Toda a Europa sabe que eles têm se armado mais e mais ao longo dos últimos cinquenta anos. E Paris teme outra invasão. Temendo, prepara-se para uma guerra que, todos sabem, deverá ser pior do qualquer outra já havida. Para isso, a França inteira se mobiliza, até que a guerra realmente estoura em 1914, quando Paris mal havia começado a urbanização de um novo bairro: Montparnasse. Foram nesses últimos anos de paz que a cidade viu o rural Mont Parnasse, até então pontilhado de vinhedos e moinhos, transfigurar-se num belo *quartier* que será cultuado dez anos depois. Mas a guerra explodiu ameaçando Paris e toda a França; a guerra que se imaginava fosse a última, aquela que chegava para dar fim a todas as guerras. Em agosto, os alemães começaram, poderosos, avançando pelos campos de França e achando que, em três semanas, chegariam a Paris, ocupariam a cidade e voltariam para casa antes do Natal. Mas não foi bem assim. Bloqueados pela vitória francesa junto ao rio Marne, em setembro, foram obrigados a recuar e o conflito se prolongou por quatro anos.

Foi então, quando essa guerra já se aproximava do final, com a cidade sendo bombardeada a cada dia, que Ernie Hemingway, beirando os dezenove anos, desembarcou em Paris pela primeira vez e conheceu um mundo novo chamado Europa. Mas era um mundo mergulhado em explosões e sangue e morte.

Um garoto na guerra

Sabia que estava ferido e levei a mão ao joelho. Não achei o joelho. Limpei a mão na camisa, e à rápida claridade de um clarão lá fora pude ver minha perna e horrorizei-me.

– *Adeus às Armas*, romance

Anoitecia, naquela terça-feira da primavera de 18, quando Ernie, no porto de Nova York, embarcou no Chicago, um cargueiro americano emprestado à França, com destino à Europa, isto é, à guerra. Nessa viagem, o rapaz empenhava a própria juventude, buscando chegar ao centro dos combates como se isto lhe fosse vital. Embora não fosse lutar, pelo menos estaria próximo ao campo de ação; e queria estar o mais perto possível. Mas não tinha ideia de quanto isso iria marcá-lo e fazê-lo romper com todo um estilo de vida que tivera até então e com uma América que se tornaria, depois, mais uma referência do que uma terra própria para morar. Ou será que era precisamente esse rompimento que ele buscava?

Quando embarcou naquele navio, Ernie era um belo rapaz de dezoito anos, com um metro e oitenta de altura e 75 quilos. Mal saído da adolescência, carregava um certo ar de mais velho, fruto talvez da convivência com pai sisudo, mãe exigente e longos mergulhos solitários na densidade da floresta. Aliás, por toda a vida, quase sempre parecerá mais velho do que a idade que tiver.

Na madrugadinha, o Chicago aproveitou a maré, desceu o Hudson e enfrentou o Atlântico para a travessia. A América ficava para trás e, enquanto a América ficava para trás, Ernie fez amizades, escreveu cartas "de algum lugar do grande azul", suportou tempestade, imaginou submarinos e, sem dúvida, contou aos rapazes algumas histórias do Michigan. Entre os companheiros que passava a conhecer, estavam Howell Jenkins e William Horne, que logo se tornaram Jenks e Bill. Os dois serão seus amigos pelo resto da vida.

Para evitar submarinos alemães, o Chicago fez a travessia como em zigue-zague. Desembarcou seus jovens em Bordeaux, sudeste da França. Daí, num trem noturno, os rapazes seguiram até Paris, onde chegaram de manhã cedo. Ao desembarcar na Gare du Nord (segundo Peter Griffin), foram recebidos com entusiasmo por oficiais de alta patente da *Armée*, as forças armadas francesas. Isto porque, há poucos dias, a segunda e a terceira divisões da Força Expedicionária Americana haviam bloqueado os alemães em Château-Thierry, pertinho de Paris, e os Fuzileiros Navais tinham conseguido uma importante vitória na floresta de Bellau. Os soldados americanos estavam em alta.

Enquanto era esperado um outro contingente de voluntários, Ernie ficou seis dias em Paris, hospedado no Hotel Florida, no Boulevard Malesherbes, próximo à igreja da Madeleine, e teve o seu primeiro contato com a guerra, ouvindo o estrondo de granadas que explodiam pela cidade, uma cidade exausta, em seu quarto ano de guerra. Os alemães, com um poderoso canhão de longo alcance, bombardeavam Paris na tentativa de minar o moral da população. Acertaram a igreja da Madeleine, danificaram a nave de St-Gervais e causaram outros estragos, mas os parisienses não se deixavam abater pois parisisenses não se acomodam nem se abatem facilmente. Apesar das explosões acontecendo a qualquer hora e em qualquer lugar, os rapazes visitaram os principais monumentos. Em carta aos "queridos pais", Ernie descreve seus primeiros passos na língua francesa, que já está usando com "razoável velocidade". Mas Paris não o seduziu; a modernidade não o agradou, impressionado que ficara com Bordeaux. "Paris é uma grande cidade, mas não tão graciosamente antiga e interessante quanto Bordeaux", escreveu aos pais.

Como não podia deixar de acontecer, teve uma aventura galante na mais galante das cidades. Afinal de contas, ninguém passa em vão por Paris: se não se deixar tocar por sua beleza, nalgum outro ponto será atingido.

Pois deu-se que, numa rua, o garoto foi abordado por uma bela mulher que o levou a uma mansão onde viveram "uma coisa belíssima". Ao se despedirem, a bela mulher lhe falou que jamais poderia revê-lo. O rapaz, que não anotara o endereço, passou os dias seguintes na ânsia de reencontrá-la. No último dia em Paris, levados por um cicerone, os americaninhos tiveram o seu momento de *voyeurs*. Numa casa velha, ficaram colados à parede olhando por frestas. Ernie viu o interior de um quarto onde um oficial inglês e uma mulher iniciavam o jogo amoroso.

Ele tirou a farda. "Ela despiu seu longo casaco de peles, retirou o chapéu e os jogou numa cadeira." O rapaz a reconheceu. "Era a mulher com quem eu estivera quando me aconteceu uma coisa belíssima".

Mas foi a procura de explosões que realmente tomou conta dos últimos momentos de Ernie, em Paris. Num táxi, pôs-se a percorrer a cidade em busca do efeito das últimas granadas que ouvia explodir. Queria chegar o mais cedo possível ao local de cada explosão. Conseguiu estar muito perto da Madeleine quando a igreja foi atingida, "lascando-lhe quase meio metro ou mais de pedra". O futuro repórter de guerra, que irá se manifestar em vários outros conflitos, despontou naqueles primeiros dias de Paris. Também, sem que ele tivesse consciência, Paris estava lhe oferecendo uma pequena amostra de si: a boa comida, a boa bebida e um pouco de história, beleza, arte, amor, risco e guerra. Não imaginava que tais elementos o fascinariam vida afora. Como sequer houvesse acontecido um flerte consciente com a cidade, o rapaz partiu deixando Paris sem carregar tristeza. Mas, de um certo modo, já estava impregnado pelo que vira e vivera.

Chegando à Itália, no princípio de junho, os jovens foram distribuídos por zonas de necessidade. Ernie foi levado para Schio, no meio dos montes Dolomitas, onde se pôs a trabalhar numa ambulância transportando soldados feridos. Logo percebeu que era pouco, pois dali não veria a guerra, a guerra de verdade, e se ofereceu para servir nas cantinas móveis, no vale do Rio Piave. Transferido para Fossalta, ficou na cantina do posto de socorro, encarregado de levar chocolate e cigarros para os soldados nas trincheiras. Era um trabalho que o deixava mais próximo do que ele mais queria: estar no meio dos combates e bombardeios. A todo instante, bombas de morteiros e obuses austríacos zuniam pelos ares. O som das explosões, às vezes muito perto, misturava-se a gritos de medo e pânico de rapazes lavados em sangue. Sua visão, no entanto, era ingênua: "nós éramos o time da casa e os austríacos o time visitante".

A cantina ficava a dois quilômetros e meio da linha austríaca, segundo Ernie escreveu a uma amiga de Oak Park. Bom dançarino, assim como bom fanfarrão, escreveu também a essa amiga que daria todas as lembranças de guerra que já havia tirado de soldados inimigos em troca de uma única dança com uma bela garota americana. Mas seu destino não estava para danças, pois o que se deu foi que viu a morte mais de perto; muito de perto.

Na noite de oito de julho, pouco antes da meia-noite, Ernie encheu a mochila, como fazia todas as noites, pôs o capacete na cabeça, pegou a máscara de gás e correu pelo campo em direção às trincheiras para abastecer os rapazes. Era preciso ter cuidado, ser ágil e precavido. A qualquer momento, uma bomba ou granada podia explodir junto ou em cima dele. Nas trincheiras, apesar de os austríacos não darem trégua, conversava-se. Ernie escutava coisas, histórias da linha de frente. Naquela noite, enquanto ouvia os casos dos soldados, súbito, a explosão foi perto demais. Uma nuvem de pó tornou tudo ainda mais escuro. Ernie não se feriu, mas os garotos haviam sido atingidos. Alguns estavam mortos. Encontrando um soldado ainda com vida, Ernie o agarrou e o pendurou nos ombros e se pôs a correr para o posto de socorro. As explosões continuavam e Ernie foi atingido nas pernas. Num desses momentos em que alguns homens conseguem mais força do que imaginam que possuem, mesmo ferido, Ernie conseguiu carregar o rapaz por uns cem metros até ser alcançado pelos companheiros. O soldado que ele carregara, porém, já tinha morrido. Ele havia carregado um morto e estava com dezenas de estilhaços de granada enfiados nas pernas. Depois do primeiro socorro, quando recebeu duas doses de vacina antitetânica, foi levado para o hospital americano de Milão, dirigido pela Cruz Vermelha. E tudo porque havia chegado muito perto das explosões, naquela noite, quando distribuía lanche entre os soldados. Fora o seu batismo de guerra; uma guerra que tanto ansiara por conhecer e que quase o levara consigo. E era julho, o mês em que nascera e em que haverá de morrer.

Em Milão, o tratamento foi intenso e doloroso, mas nenhum dos seus ossos havia sido atingido. Foram extraídos os estilhaços da perna esquerda, que cicatrizou rapidamente. Era preciso, porém, esperar que os do joelho direito enquistassem antes de qualquer cirurgia para que não houvesse perigo de infecção, nem de sequela. Finalmente operado, a perna direita toda enfaixada, Ernie, pacientemente, aguardou a recuperação. Quanto aos fragmentos de aço que foram retirados de suas pernas, o número varia de biógrafo para biógrafo. Alguns dizem que chegaram a mais de duzentos; talvez um exagero que o próprio Ernie tenha alimentado.

Sob o intenso calor do verão, a recuperação foi lenta e demorada, mas logo o garoto se fez inteiramente dono do hospital, aonde chegavam novos feridos a cada dia. Sedutor e fascinante, foi ganhando, uma a uma, as dezoito enfermeiras, sobretudo Agnes Hannah von Kurowsky, americana de Washington, por quem se apaixonou e com quem viveu seu primeiro caso de amor intenso.

Em outubro, escreveu aos pais uma carta que logo a seguir foi publicada no jornal de Oak Park. Era uma carta sobre a guerra, a vida e a morte. E realmente ele esteve perto da morte tanto quanto de ter a perna cortada. Mas escapara e se refazia ao mesmo tempo em que chegavam outros feridos ao hospital. Ernie os via sofrer e esperar a recuperação, ou morrer. A todos alegrava. No fim da vida, haverá de lembrar que recebeu, certo dia, a visita de um senhor cortês e refinado, de nome ilustre, que lhe trouxe uma garrafa de Marsala; ou foi Campari? O homem veio outra vez e mais outras, sempre gentil, até que se comportou de modo homossexual e Ernie chamou a enfermeira e recomendou que não o deixassem mais voltar.

Agnes, porém, era a grande dádiva que a guerra lhe reservara. Receosa, por ser sete anos mais velha que ele, mesmo assim, estava seduzida. Nas fases finais da recuperação, ela o levava a andar pelos corredores, depois pelo jardim; finalmente, por Milão inteiro. Faziam amor. Quando já estava quase recuperado, de muletas, saía com ela, pegavam uma carruagem e iam ao hipódromo de San Siro assistir às corridas. Até que veio o tempo de partir. Houve juras amorosas e uma última noite juntos antes que Ernie voltasse à IV Seção em que havia servido. Mas já houvera mudança de pessoal e seus companheiros haviam se transferido. Ernie ainda pegou icterícia, tratou-se e a guerra acabou. Voltou para a América sozinho, como havia partido, mas com a certeza de ter um grande amor, Agnes, que preferiu continuar servindo à Cruz Vermelha por mais algum tempo antes de voltar, para se casarem, como esperava Ernie.

Na terra dos ianques

A caminhada tinha sido dura. Armara a barraca. Estava acomodado. Nada poderia alcançá-lo. Era um bom lugar para acampar. Lá estava ele, no bom lugar.

– *O Grande e Generoso Rio*, conto

Em 21 de janeiro de 1919, Ernie desembarcou em Nova York. Era um herói nacional que, além de ter tentado salvar a vida de um soldado, fora o primeiro americano ferido na Itália. Não de todo recuperado, mancava um pouco. Vestido como se ainda estivesse na guerra e andando devagar, com a ajuda de uma bengala, trazia dentro de si aquele grande amor por Agnes e, pelo menos, três amizades valiosas: Bill Horne, Howell Jenks, os companheiros da viagem de ida, e Jim Gamble, o capitão que comandava a cantina móvel em que ele servira. Doutor Clarence Hemingway foi recebê-lo na estação de Chicago acompanhado por Marcelline, a filha mais velha. Vendo o rapaz andar com dificuldade, tentou ajudá-lo pelas escadas, mas o garoto não aceitou ajuda.

Ernie voltava para a América totalmente apaixonado por Agnes. Agradecia a Deus ter sido ferido pois, só assim, pudera conhecê-la e ser amado por ela. Ansioso, na casa dos pais, recebia cartas da amada e as respondia com paixão. Durante o resto de janeiro e por fevereiro todo, escreveu-lhe cartas e mais cartas, embora Ag, como a chamava, não lhe respondesse todas, "por falta de tempo". Ao perceber que histórias da guerra andavam exercendo grande fascínio entre os americanos, inscreveu-se numa agência de Chicago que programava conferencistas para as cidades da redondeza. Assim, por algum tempo, fez palestras sobre a sua participação no *front*, o ferimento, a longa recuperação no hospital e o heroísmo dos soldados. O público era composto sobretudo de velhotas solteiras e rapazes rejeitados pelo serviço militar. A essa gente, Ernie vendia uma imagem de si que o biógrafo Peter Griffin soube captar muito bem, "a do valente e paradoxal jovem americano, engenhosamente sagaz, lealmente cínico, praticamente idealista, conscientemente duro e terno". Conforme a cidade, chegava a ganhar quinze dólares por conferência. E se pôs a economizar dinheiro, visto que pretendia mesmo se casar. No começo de março, já possuía 172 dólares num banco. Diante de tal sucesso, deu de trancar-se no sótão de casa, daqueles com teto inclinado, onde ficava escrevendo contos que, acreditava, seriam facilmente publicados. Mas o que veio dos jornais foi recusa atrás de recusa. No entanto, Ernie não desistiu mais de escrever. É verdade que já escrevia histórias curtas e poemas desde os tempos da escola, mas foi quando voltou da guerra que se decidiu pela literatura, embora ainda sem a convicção e a firmeza que iria assumir mais adiante. Esses primeiros contos, jamais publicados pelo autor, tornaram-se conhecidos pelo público quando Griffin incluiu uma antologia deles em seu livro sobre a juventude de Hemingway, tornando possível hoje avaliar-se aqueles primeiros passos do escritor e o grande salto de qualidade literária que seria dado em Paris.

No finzinho do inverno, veio o grande choque; pior talvez que o ferimento de guerra.

Na manhã de 13 de março, chegou uma carta de Ag dizendo-lhe friamente que tudo o que houvera entre eles havia sido apenas um romance passageiro e que devia ser esquecido. Ela estava agora apaixonada por um duque italiano que ia levá-la para conhecer sua nobre família e, depois, eles iam se casar. Desejava que, esquecendo-a, o garoto fizesse uma grande carreira.

Era o inacreditável. Atordoado, vomitou desesperadamente no banheiro. Deu-se conta de quanto havia realmente se apaixonado por Ag e como acreditara no seu amor. Sofrido, mas rigoroso consigo mesmo, nada lhe restava senão tratar de aceitar a traição, a derrota, a perda. Na mesma tarde, escreveu uma carta ao amigo Bill Horne. Abrindo-lhe o coração dolorido, contou quanto desejava ter se casado com Ag ainda na Itália, pois achava que um homem não pode largar o pé de sua garota enquanto não se casar com ela. Se ele faz amor com ela e vai embora, ela sente necessidade de fazer amor com outro e, se "a pessoa certa aparece, você danou-se". No dia seguinte, mancando, tomou um navio em Chicago e subiu para o Michigan, onde ficou sozinho no chalé. Começava o período mais conturbado da juventude de Ernest Hemingway, que iria durar mais de dois anos até que tudo se reorganizasse. Naquele momento, ainda não refeito dos sofrimentos da guerra, precisava se recuperar também da perda do amor. O eremita precisava da solidão e do silêncio. O escritor necessitava de tempo e sofrimento.

O jovem carecia da floresta, do lago e dos rios para cicatrizar a ferida. Era o tempo da catarse.

Voltando a Oak Park, em abril, encontrou carta de Bill Horne solidarizando-se com o seu sofrimento e o aconselhando: "Seja fiel aos seus ideais, homem. E trabalhe como um danado". Ernie sabia que precisava mesmo trabalhar, mas nem pensou em voltar para Kansas City, onde certamente poderia retomar seu posto no *Star*. Numa longa carta a Jim Gamble, contou-lhe que seus pais estavam tentando convencê-lo a cursar uma universidade, "mas eu quero voltar para a Itália, e quero ir ao Japão, e quero viver um ano em Paris, e quero fazer tantas coisas que não sei o que farei". Mesmo tendo passado tão poucos dias em Paris e não tendo se fascinado, como dissera aos pais, a cidade o marcara de algum modo. O garoto se deixara assinalar sem saber e a cidade pairava sobre ele como uma das opções a seguir.

Em meados de junho, um tanto cicatrizado da perda amorosa, recebeu carta de Agnes contando-lhe que a família do namorado não concordara com o casamento e que ela afinal havia percebido a diferença entre amor e oportunidade. Terminava sugerindo que seria maravilhoso se ele voltasse para ela. A insônia de Ernie acentuou-se por várias noites, mas o garoto sequer respondeu a carta. Sofreu com a ferida reaberta, suportou e tratou de esquecer, dando o caso por encerrado, embora soubesse que a marca ficaria em algum recanto de si mesmo. Ficaram também as cartas de Ag; cerca de trezentas páginas que o rapaz, apesar de magoado, conservará vida afora.

No começo do verão, Ernie voltou para o Michigan, ficando no povoado de Horton Bay, hospedado na estalagem Pinehurst, cuja dona era conhecida de sua família desde os velhos tempos. "A vila de Horton Bay era apenas cinco casas na estrada que ligava Boyne City e Charlevoix. Havia o armazém e os correios com uma fachada remendada e talvez uma carroça amarrada na frente, a casa dos Smith, a casa dos Stroud, a casa dos Dilworth, a casa dos Horton e a casa dos Van Hoosen. As casas ficavam num bosque de olmos, e a estrada era muito arenosa. Havia lavoura e bosques estrada acima, dos dois lados. E estrada acima, pouco mais além, ficava a igreja metodista e, estrada abaixo, na outra direção, a escola da aldeia. A oficina era pintada de vermelho e ficava em frente à escola." É assim que, anos depois, Ernie há de descrever a aldeiazinha em que ficara naquele verão, onde podia fumar e beber livremente, hábitos que sua mãe não permitia.

E se deixou ficar na Pinehurst por toda a estação, período em que se aproximou dos irmãos Kate e Bill Smith, que passavam férias na casa da tia, não muito longe da estalagem. Além de Bill e Kate, o garoto se desmanchava em prazer com o resto da rapaziada que aparecia: Howell Jenks, Bill Horne, Marjorie Brump, Irene Goldstein, Grace Quilan... uma gente com quem manterá amizade para sempre e que jamais recordará Ernest Hemingway como um brigão, estúpido, agressivo. E deve ter sido também nesse verão de 19 que Ernie pode ter seduzido uma empregadinha com quem fez sexo sobre a ponte de madeira, atrás do celeiro de batatas, se quisermos tomar como fato real aquele conto *Lá em Michigan*.

Em julho, com a perna mais fortalecida, o garoto recomeçou a fazer excursões de pesca pelos rios Black, Fox, Sturgeon e pelo Big Two--Hearted River, coisa que não praticava havia mais de dois anos. Pescador e caçador já de muita experiência, nessa época, possuía uma pistola automática Colt 22, um automático 32 e um fuzil de caça calibre 22.

Findo o período das excursões, mudou-se para mais longe, mais para o norte, passando a morar numa pensão em Petoskey, num quarto que lhe custava oito dólares por semana. Foi então que escreveu umas vinhetas, contos curtíssimos, sempre com um final inesperado e chocante, sobre a gente de Horton Bay: fazendeiros, agricultores, lenhadores, madeireiros, índios. Começava a sentir-se feliz novamente, acampando na floresta, sozinho ou cercado de amigos, para alguns dias de caça ou de pesca.

No final do ano, foi convidado a fazer uma palestra para a Sociedade de Assistência Feminina. Fez, ganhou trinta dólares e a afeição de uma senhora que morava em Toronto, Canadá. Encantada com o rapaz, Harriet Connable o convidou para passar algum tempo em sua casa fazendo companhia ao seu filho mais novo, um jovem com deficiência causada pelo nascimento a fórceps, a quem Ernie poderia ajudar indicando-lhe um sentido para a vida. Como recompensa, teria hospedagem, alimentação e carro com motorista sempre que precisasse, além de vinte dólares por semana. Ernie aceitou e, no começo de janeiro de 1920, passou por Oak Park a caminho de Toronto, onde encantou a família que o contratara. Mas sabia muito bem que aquele não era o trabalho que desejava. Além de dar atenção ao jovem Connable, conseguiu ainda um emprego no *Toronto Star*, em cuja redação fez amizade com Gregory Clark, editor dos suplementos especiais. O jornal, porém, nada tinha a ver com a modernidade e a grandiosidade do *Kansas City Star*. Em maio, terminado o contrato com os Connable, despediu-se do jornal e voltou para Pinehurst, sua estalagem de Horton Bay. Partiu com a certeza de que seria bem recebido se algum dia voltasse a Toronto, tanto pelos Connable como pelo *Star*.

Grace Hall veio passar o verão no chalé do lago e o clima entre ela e o filho foi hostil o tempo todo. Discordando da vida do rapaz, o considerava um parasita. Por nunca ter sabido lidar com o garoto, menos ainda desde que ele voltara da guerra, a consequência foi ruim para os dois. Não houve entendimento e o rapaz não guardará boas lembranças dela. Jamais a utilizará como modelo para algum personagem. Na verdade, nem haverá lugar para mães na obra de Ernest Hemingway.

Terminado o verão, Ernie recebeu carta de Bill Horne propondo morarem juntos em Chicago, onde poderiam trabalhar para agências de publicidade. Não pensou duas vezes. Em pouco tempo estava na capital do Illinois, dividindo apartamento com Bill. Foi então que conheceu duas pessoas que o ajudariam a retomar o prumo da vida: Sherwood Anderson e Elisabeth Hadley Richardson.

Sherwood Anderson, aos quarenta e três anos, era um escritor de sucesso, autor de *Winesburg Ohio*, lançado no ano anterior. Estivera recentemente em Paris, onde fizera amizade com escritores americanos que moravam lá, gente como Ezra Pound, Gertrude Stein e Lewis Galantière. Ernie passou a conversar muitas vezes com Sherwood, a quem ouvia com dedicada atenção. Afinal, era o primeiro escritor famoso que conhecia.

Nascida em Saint-Louis, oito anos mais velha que ele, Elizabeth Hadley tinha vindo a Chicago a convite de Kate Smith, sua amiga e amiga de Ernie. Era alta, bonita, de olhos verdes, cabelos castanhos e tocava piano. Mal se conheceram, Ernie e Hadley começaram a namorar; o primeiro namoro sério do rapaz desde que voltara da Itália. Se havia sofrido com a perda de Agnes e lutado para esquecê-la, agora, com nova namorada, aquele velho primeiro amor afundava realmente no passado. Quando Hadley voltou a St-Louis, a paixão amadureceu através de cartas. No começo de dezembro, ela veio de novo a Chicago para um fim de semana no apartamento de Ernie.

Trabalhando como redator-chefe adjunto da revista *Commonwealth Cooperative*, Ernie continuava escrevendo contos que mostrava a Hadley e ela adorava. A essa altura, ele já estava decidido a partir para a Europa e se tornar um escritor. Ao longo dos meses de namoro, foi a St-Louis passar alguns dias com ela e Hadley veio novamente a Chicago. Apesar da felicidade reencontrada, o rapaz tinha de aturar uma crônica inflamação de garganta que sempre reaparecia, além de insônia, dores de cabeça, de coluna e de hemorroidas. E era apenas um garoto de vinte e um anos. Mesmo que se queixasse dessas coisas, Hadley não deixava de admirar "sua enorme energia vital", a virilidade, a intuição e o jeito de ser responsável e carinhoso. Dizia que tinha certeza de que poderia fazê-lo dormir em dez minutos e que ele tinha um "aspecto maravilhoso quando envolto na luz do sol e as pessoas que são bonitas ao sol devem ter algo nelas que é superior". Adorava a maneira dele andar com passadas "amplas, firmes e ritmadas" que a faziam "caminhar com confiança ao seu lado". Também o achava "um romântico dos pés à cabeça". Eram coisas que ela lhe escrevia em cartas; mais de duas mil páginas de cartas. E Ernie não deve ter escrito menos.

Veio então o ano de 21, decisivo para Ernest Hemingway.

Através do amigo de Toronto, Greg Clark, passou a escrever artigos para o caderno semanal do *Toronto Star* e propôs a Greg ir para a Europa como correspondente do jornal. Em março, ainda mancando um pouco, foi a St-Louis passar quatro dias com Hadley. De volta, decidido a escrever um romance, começou uma história em que o personagem principal era um certo Nick Adams. Queria um livro com "pessoas reais falando e dizendo o que pensam". Em maio, foi à casa dos pais, onde, numa conversa particular com o filho, doutor Clarence contou-lhe que estava sofrendo de angina do peito. Nem sua mulher sabia disso. Ernie partiu com o segredo; mais um laço fortalecendo o afeto de pai e filho.

Quando Hadley voltou a Chicago, em julho, planejaram o casamento para setembro. Antes disso, porém, suas noites de insônia foram as piores desde que voltara da guerra. Tendo constantes dores de cabeça, perdeu seis quilos e, depressivo, pensou em suicídio. (Terá sido a primeira vez?) Poucos dias antes de casar, sumiu na floresta com dois amigos para uma pescaria pelo rio Sturgeon. Além de uma espécie de despedida de solteiro, esses três dias preparando iscas, grelhando as trutas maiores e devolvendo ao rio as pequenas, foram também, para ele, uma despedida do Alto Michigan, da floresta, do lago e dos velhos tempos. Era o homem começando a deixar a juventude para trás, como já deixara o violoncelo da adolescência.

Ernie e Hadley se casaram a 3 setembro de 21, véspera do aniversário do doutor Clarence; uma cerimônia realizada na igreja paroquial de Horton Bay. Houve recepção na estalagem e, a seguir, os nubentes tomaram a lancha para a lua de mel no chalé dos Hemingway, à beira do lago: duas semanas em que os recém-casados adoeceram por uma intoxicação com carne enlatada e, certo dia, o esposo tomou um grande pileque.

Morando com Hadley em Chicago, Ernie continuou trabalhando no romance de Nick Adams e conseguiu um contrato com o *Toronto Star*: iria para a Europa como correspondente do diário e do suplemento semanal, o *Star Weekly*. Teria um rendimento baixo, mas o rapaz estava disposto a vencer quaisquer dificuldades para se tornar um escritor e queria que isto acontecesse na Europa. Como bagagem cultural, carregava seu curso secundário, suas poucas leituras, seis meses de foca no *Kansas City Star*, três no *Star* de Toronto e uma frugal experiência na revista da *Commonwealth*. Se no liceu de Oak Park fizera uma espécie de primeiro grau em jornalismo e na arte de escrever, as temporadas nos dois jornais e na revista lhe serviram como um segundo grau. Sentia-se, pois, preparado para trabalhar como correspondente no estrangeiro, o que, para ele, seria o equivalente a um curso universitário.

Pretendia morar na Itália, seu principal ponto de referência, mas Sherwood Anderson, de quem já se tornara amigo, afirmava que Paris era o centro literário internacional e que era lá que se encontravam bons autores em atividade e outros, jovens, tentando começar carreira. Anderson até se ofereceu para escrever cartas de apresentação aos seus amigos. Ernie abandonou a ideia da Itália. Decidiu-se por Paris. Em dezembro, despediu-se dos pais, em Oak Park.

Desligando-se da mãe exigente, do amado pai, das irmãs, do irmão caçula e dos amigos, partiu da América cheio de energia para o trabalho. Todo o universo mítico das florestas do Michigan ficava para trás e jamais seria revisitado; a não ser pela memória, no que escrevesse. Gostava de ser chamado Ernie, mas sabia que do outro lado do mar, salvo ele próprio e a mulher, não haveria quem o chamasse Ernie ou Mowtain ou Hem ou Hemingstein. Sabia também que, partindo, perdia amigos. Do outro lado do mar, só haveria Ernest Hemingway, fosse *Mister* ou

Monsieur. Mas partia para se tornar um escritor. E dos melhores. Um campeão, como faz parte do sonho americano e da divisa da sua escola de Oak Park: *o melhor*. Para isso, estava disposto a empenhar tudo que tivesse de bom: aptidão, coragem, vontade, disciplina, capacidade de trabalho, inteligência e sensibilidade. Ao deixar a América, levava consigo todo o seu conhecimento sobre o seu país e o seu povo. Tudo que ele mesmo havia vivido ou presenciado e que guardava dentro de si. Carregava seus personagens, seus heróis, mesmo que os ambientes, cenários, locações e situações de futuras histórias pudessem vir a ser estrangeiros. Levava consigo todo o conteúdo dos seus futuros contos com ação na América. E era como se a América estivesse parando para ele à medida que o navio se afastava. Griffin escolheu como epígrafe para o seu livro sobre essa primeira fase da juventude de Ernest Hemingway uma citação de D. H. Lawrence que se ajusta perfeitamente ao jovem que deixava a América rumo a Paris: "Ele era o tipo de rapaz que se torna um palhaço e um grosseirão assim que não é entendido ou se sente menosprezado, mas volta a ser encantador ao primeiro toque de afeto e calor humano". O garoto, extremamente sedutor quando queria seduzir, era também tímido e supersticioso, e carregava também na bagagem a velha inflamação de garganta e a insônia que o atormentavam com frequência. Era o garotão do Illinois, o caroneiro de trens do Michigan, voltando à Europa, agora com o objetivo de se tornar um escritor, em Paris. E foi então que Paris seduziu Ernest Miller Hemingway. E o seduziu para sempre.

Iniciação

Não havia em Paris outro lugar de que gostasse tanto quanto daquele... o acentuado declive da Rue du Cardinal Lemoine até a margem do Sena, a estreita e sempre atravancada Rue Mouffetard.

– *As Neves do Kilimanjaro*, conto

O fim da Grande Guerra, com armistício assinado a 11 de novembro de 1918, deixou para a França o saldo de um milhão, trezentos e cinquenta mil mortos. Embora não houvesse dívida a pagar, era preciso que Paris começasse outra vez a se refazer. Mas, agora, a situação era diferente daquela de 1871, quando a cidade havia sido sitiada, ficara com dívida altíssima e ainda sofrera os abalos causados pela Comuna. No entanto, estava cheia de famílias chorando seus mortos e de homens mutilados pelas ruas. Não havia prédios inteiramente destruídos, mas viam-se estragos em muitos deles. Mãos à obra e, em 1920, Paris já se renovara em ruas e edifícios. Em costumes, também. Sepultada com a guerra, a *Belle Époque* se tornara a lembrança de um passado que já parecia distante. A basílica do Sacré-Cœur estava pronta; aquele alumbramento de cúpulas brancas no alto do monte em que os antigos romanos degolavam lutécios. O café mais frequentado por intelectuais, políticos e artistas era La Closerie des Lilas, onde o absinto corria livremente. Logo à frente da Closerie, começava Montparnasse, um novo bairro que se tornara o mimo predileto de artistas e boêmios no começo dos anos vinte, aqueles anos que marcariam o apogeu e o fim de uma era em que todo artista que sonhasse com o sucesso internacional morava ou queria morar em Paris; uma época em que os bigodes mudaram de estilo, as saias foram encurtadas até o meio das pernas, surgiram as meias transparentes, o jazz invadiu a cidade e, em matéria de moda, Coco Chanel era a própria modernidade, aquela que em alto estilo decretou o fim total da *Belle Époque*. Mas havia um certo clima pesado nas ruas, exigindo alguns cuidados. As noites eram perigosas, em certos lugares. André Malraux, por exemplo, aos vinte anos, quando apenas se iniciava em suas aventuras e na arte de escrever, não saía de casa sem um revólver no bolso de trás.

Por toda a década, a cidade acolheu e abrigou pintores, escritores, jornalistas, bailarinos, músicos, fotógrafos, cantores, toda uma gente que vinha de Inglaterra, Espanha, Irlanda, Rússia, Bélgica, Estados Unidos... sem contar os intelectuais e artistas franceses de outras regiões do Hexágono, isto é, da própria França. Entre tantos estrangeiros, moraram em Paris, naquela década, Man Ray, Scott Fitzgerald,

Georges Simenon, Alexander Calder, Joan Miró, Wanda Landowska, Heitor Villa-Lobos, Oswald de Andrade, Tarsila do Amaral, Emiliano Di Cavalcanti, Salvador Dalí, Luis Buñuel, e Josephine Baker, o furor dos espetáculos musicais. Paris fervilhava de forasteiros ricos e pobres, jovens e velhos, num momento em que atingia a maior população de sua história: 2.906.472 habitantes.

A cidade, que já assimilara o Impressionismo, já vira a fase verde--rosa de Picasso, o Fauvismo e o Cubismo, ia envolver-se agora com o Dadaísmo e o Surrealismo. Muitos ismos para tão pouco tempo. Tempo também da arte-decorativa, o Art-déco. Em literatura, os dois primeiros volumes de *Em Busca do Tempo Perdido*, o romance de Marcel Proust, haviam sido lançados em 1913 (*O caminho de Swan*) e 1919 (*À sombra das raparigas em flor*). Em 1922, o ano da morte de Proust, foi lançado em Paris o livro mais celebrado de James Joyce: *Ulisses*. Em 23, Raymond Radiguet, aos vinte anos de idade, lançou *Com o Diabo no Corpo*, um romance que causou escândalo e sucesso de venda. Mas Radiguet morreu subitamente no mesmo ano do lançamento do livro, deixando seu amigo Jean Cocteau por muito tempo inconsolável. Em 1946, esse romance deu um belo filme de Claude Autant-Lara, com Micheline Presle e Gérard Philipe e que no Brasil se chamou *Adúltera*.

Fora da França, naqueles anos vinte, foram lançados *A Montanha Mágica*, de Thomas Mann (em 24), *O Processo* (24) e *O Castelo* (26), de Franz Kafka; *O Lobo da Estepe*, de Herman Hesse (em 27) e *O Amante de Lady Chaterley*, de Lawrence, em 28. Em 26, Chanel criou aquele vestido preto que jamais sairia de moda e que ficaria afetuosamente chamado "pretinho básico". Eram os tempos que alguns chamam *os anos loucos*. Me parece, no entanto, que, mais do que loucura, reinavam em Paris inteligência, lucidez, sensibilidade e criação. Foi isto que ficou; a doideira nada rendeu e perdeu-se no ar. Naqueles anos, grande parte da cultura francesa que dominaria o século XX foi criada em Paris. Literatura, teatro, fotografia, dança, pintura e música atingiram um dos momentos mais generosos e audaciosos do século. Daí em diante a cidade jamais viveu outro período tão rico em criação de arte; cidade que era, para Joyce, "a última das cidades humanas"; para Pound, "um paraíso para os artistas" e "o centro do mundo".

Pois foi logo no início dessa década que um navio da French Line deixou o casal Hemingway no porto do Havre, três dias antes do Natal de 1921. Hem e Hadley tomaram o trem para Paris onde, certamente, desembarcaram na Gare du Nord, a portentosa estação da Rue de Dunkerque, inaugurada em 1846, que serve às linhas do norte, em direção a Londres e Amsterdam. Hem sabia muito bem que, só agora, ia conhecer a Europa verdadeira, uma vez que estivera num continente em transe e vira Paris completamente fora do seu prumo.

Por indicação de Sherwood Anderson e pagando doze francos por diária, num momento em que o dólar valia 12 francos e 61 centavos, o casal hospedou-se no Hôtel Jacob et d'Angleterre, na Rue Jacob, número 44, miolo do *6e arrondissement*, o sexto distrito administrativo de Paris. Estavam pois no coração da *rive gauche*, como é chamada toda a parte da cidade que sobe da margem esquerda do Sena. No intrincado desse bairro, a Rue Jacob é uma ruazinha serena entre a igreja de St--Germain-des-Prés e a beira do rio, cruzando com a Rue Bonaparte. Numa esquina desse cruzamento, os Hemingway tiveram seu primeiro jantar em Paris, no restaurante Le Pré aux Clercs que, hoje, com o mesmo nome, é um requintado Café-Bistrô-Brasserie. Ao regressarem ao hotel, encontraram recado de um amigo de Sherwood Anderson, Lewis Galantière, o primeiro dos americanos que Ernest Hemingway conheceu em Paris.

O hotel permanece no mesmo endereço mas passou a charmar-se apenas Hôtel d'Angleterre. Mantém a entrada em arco e as janelas-porta envidraçadas de alto a baixo com balcões em arabescos de ferro. É um hotel de luxo, comparado àquele em que o casal Hemingway hospedou-se no quarto número 12, como informa a página do hotel na internet. E nestes tempos de século XXI, as agências de turismo têm vários passeios pelos caminhos de Hemingway em Paris. Em todos eles, inclui-se o Hôtel d'Angleterre. Nos anos oitenta do século XX, quando estive em Paris pela primeira vez, foi um grande desafio andar à procura desses lugares.

Enquanto procurava casa para alugar, o jovem esposo terá levado a mulher para visitar alguns monumentos, coisas como a Torre Eiffel ou o Arco do Triunfo? Ele jamais revelou isso e sabe-se que, pelo resto da vida, dificilmente o escritor andou visitando pontos turísticos de qualquer cidade ou escrevendo sobre eles; salvo museus. (Por toda a futura obra de Ernest Hemingway com ação em Paris, nenhum dos seus personagens andará pelos principais monumentos; nenhum entrará na Catedral de Notre-Dame, nem no Sacré-Cœur, nem subirá à Torre Eiffel.) Mas naqueles primeiros dias, Hem levou a amada para conhecer o Hotel Florida, onde se hospedara quatro anos antes. Depois, jantando num bistrô perto da Madeleine, contou-lhe sobre as granadas que ouvira explodir. Mostrou-lhe também a cabeça de uma estátua da igreja decepada no bombardeio dos alemães e que os parisienses deixaram ficar por terra, num gesto próprio desse povo que adora deixar expostos vestígios de todo mal que façam à sua cidade sagrada para que ninguém esqueça e jamais se repita.

Poucos dias depois alugaram um apartamento na Rue du Cardinal Lemoine, no *5e arrondissement*, no alto da encosta nordeste da Montagne Sainte-Geneviève.

O *5e arrondissement*, também na *rive gauche*, é essencialmente o Quartier Latin, o velho bairro onde, na Idade Média, surgiu a Universidade de Paris, com estudantes, professores, filósofos e teólogos andando pelas ruas, falando, lendo e escrevendo em latim, a língua oficial da igreja, da filosofia e da teologia. Desde então, esse bairro se fez conhecido no mundo inteiro como o bairro dos intelectuais de Paris; o bairro da Sorbonne, reduto de professores e estudantes universitários. Aí, em 1968, agigantou-se o movimento estudantil que abalou os alicerces do governo de Charles de Gaulle e mudou os caminhos da juventude francesa.

Três grandes vias que se cruzam marcam esse *quartier* com características muito próprias: o Boulevard St-Michel (Boul'Mich, como é chamado na intimidade), a Rue St-Jacques e o trecho final do Boulevard St-Germain. Entre essas artérias, ou partindo delas, espraia-se esse que é um dos bairros mais amados de Paris, com ruas e praças carregadas de magia, encantamento ou popularidade, lugares como La Huchette (onde não passam carros e os turistas fazem festa em cafés e restaurantes de várias nacionalidades), a Rue Galande, a Place St-Michel, a Place Maubert, a Place Jussieu e toda a Montagne Ste-Geneviève. Embora tenha limite com o Jardin du Luxembourg, o grande jardim do *5e* é o Jardin des Plantes. As igrejas principais são a de St-Séverin, do período gótico; Val-de-Grâce, renascentista, e St-Étienne-du-Mont, onde é cultuada Sainte-Geneviève, Padroeira de Paris. Também se encontram no bairro dois dos mais importantes sítios arqueológicos, resquícios da época dos romanos: as termas no Musée de Cluny e *les arènes de Lutèce*, restos do que ficou do circo-teatro, situadas a leste da cidade antiga, entre o casario e o Sena. É um bairro marcado no imaginário internacional pela cultura parisiense na arte, na fotografia, no cinema, na literatura e nas canções, onde paira por aí um quê do espírito parisiense que correu mundo e faz qualquer visitante andar pelo Quartier Latin como se fosse um velho conhecido.

Era uma dessas tardes com que um verão ainda ameno costuma brindar os viajantes em Paris quando, pela primeira vez, subi a Montagne Ste-Geneviève, pela Rue du Cardinal Lemoine. Essa montanha, na verdade, é uma colina, bem mais baixa que Montmartre, e eu me sentia o próprio Hemingway (ou era Jake Barnes em *O sol também se levanta*?) subindo aquela ladeira nos velhos tempos, uma ladeira cravejada de livrarias, restaurantes antilhanos e espanhóis. À direita, uma paradinha diante do Paradis Latin, uma casa de grandes shows, como os do Moulin Rouge ou do Lido, mas que o turista brasileiro rico ignora pois prefere os mais divulgados, Lido e Moulin Rouge. No alto, me vi diante do 74, onde Hem e Hadley moraram quase dois anos. Foi morando nesse prédio, esquina da Place de la Contrescarpe, uma pracinha salpicada de árvores altas que aparecerá várias vezes ao longo de sua obra, que Ernest Hemingway, aos vinte e três anos, deixou-se seduzir pela cidade e começou a amar Paris.

Em carta ao amigo Howell Jenks, dezessete dias depois de ter chegado, Hem situa sua residência "no melhor trecho do Quartier Latin", mas, na verdade, a área não passava de um antro de pardieiros, comércio pobre e cafés sujos, muito apropriada a um casal de pouquíssima renda que quisesse morar não muito longe do centro das coisas. Ele mesmo confirmará isso mais tarde, em sua obra, reconhecendo que "o endereço não podia ser mais pobre".

A Place de la Contrescarpe é o ponto central e mais alto do bairro, situada no topo das ladeiras da Montagne Ste-Geneviève, atrás do Panthéon, entre o Jardin du Luxembourg e o Jardin des Plantes. Essa pracinha cheia de charme e as ruas próximas foram o primeiro ponto de contato mais profundo de Hem com a cidade, isto é, com o que a cidade tinha de mais popular e pobre; tipicamente *parigot*, ou seja, parisiense por excelência.

Quatro ruas desembocam na Contrescarpe, sendo que uma delas, a Mouffetard, passa pela praça e desce pelo outro lado indo até à igreja de St-Médard, quase dando na Avenue des Gobelins. Essa Rue Mouffetard, que os parisienses chamam *La Mouffe*, tem 605 metros de comprimento e apenas seis de largura. É um antigo trecho da estrada romana que seguia em direção à Itália, descendo por Lyon. Vem, pois, do tempo em que Paris se chamava Lutécia e fazia parte do Império Romano. É uma das ruas mais charmosas da cidade assim como a Contrescarpe é a praça mais representativa na obra do escritor. Andar pela Mouffe, que Hemingway achava uma "maravilhosa ruela comercial, sempre coalhada de gente", e tomar uma cerveja ou um sorvete num dos cafés que margeiam a Contrescarpe revela muito bem quanto a corrida imobiliária do século XX expulsou para longe os pobres de Paris, sempre para mais longe de Notre-Dame, isto é, do centro da cidade. Nada mais existe daquela pobreza dos tempos do jovem Hem, embora também não haja luxo.

Descendo pela Rue Descartes dá-se na igreja de St-Étienne-du--Mont e no Panthéon, que era a antiga igreja de Sainte Geneviève, Padroeira de Paris, que os revolucionários de 1789 fecharam ao culto e que foi transformada em necrópole nacional, onde estão sepultados alguns dos grandes homens de França: Voltaire, Rousseau, Hugo, Zola e Jean Moulin, herói-mártir da Resistência. Em 2010, quando o Presidente da República, Nicolas Sarkozy, quis levar para o Panthéon os restos mortais de Albert Camus, houve uma rejeição geral dos franceses e o Presidente desistiu, deixando que Camus continuasse em seu bucólico e simples túmulo em Lourmarin, no sul da França.

Naquela minha primeira subida à procura de Hemingway, encontrei o 74 da Cardinal Lemoine com aparência de abandono. E não devia ser melhor nos anos vinte. A porta de entrada para os apartamentos, estreita e alta, era ladeada por uma discoteca (Le Rayon Vert) e uma lojinha de ervas (Herboristerie). Nenhuma placa, nenhum sinal de que Ernest Hemingway havia morado naquele prédio. O ambiente, porém, não podia ser mais ernestoico, adjetivo criado por Hadley para qualificar algo que se adequasse ao espírito e ao gosto de Ernie. O prédio, parecendo desabar, era amostra de um pedaço de Paris do início do século XX, a cidade ainda em processso de expansão e marcada por muitos contrastes. Uma plaquinha informa que "há gás em todos os andares". As janelas do primeiro andar abrem para fora, com duas faces de madeira em postigo e, no alto, as janelinhas das mansardas aparecem como se escapadas do telhado. A escada, nos anos vinte, era escura e, em cada andar havia um lavabo com sanitário coletivo. O apartamento dos Hemingway era pequeno: quarto e sala conjugados, com lareira. Não havia aquecimento, mas se achava boa lenha nas carvoarias da Cardinal Lemoine. No fim do outono, quando ventos frios varrem a cidade, era preciso fechar as janelas por causa das chuvas.

Sentado no meio-fio da calçada fronteira, junto à Pizzeria Roma, fiquei escolhendo em qual daquelas janelas do quarto andar o ianque ficava espiando a rua, lâmpadas de acetileno nos postes, trens noturnos carregados de legumes correndo sobre os trilhos dos bondes, um bêbado descendo a ladeira, música de acordeom chegando do *bal musette* e a sensação de que "Paris inteiro me pertence", como achava Hemingway. Todas as manhãs, um pastor subia a rua tocando uma gaita de foles, vendendo leite de cabras que eram ordenhadas diante dos fregueses.

Quatro anos depois, voltando à Cardinal Lemoine, encontrei o prédio restaurado, todo pintadinho e com a única homenagem de Paris a Ernest Hemingway visível da rua: a velha loja de ervas dera lugar a um charmoso salão de chá, o *Under Hemingway's*: cortinas de renda, cardápio dedicado ao escritor e um agradável ar estrangeiro. Soube, um ano mais tarde, que fora colocada na fachada do prédio uma placa registrando que naquele prédio havia morado Ernest Hemingway.

Com menos de um mês na cidade, o garoto instalou-se com Hadley naquele quarto andar. Para sobreviver, o casal dispunha dos 75 dólares que Hem ganhava do jornal canadense mais uma renda recebida pela mulher, o que revela que ainda era possível ser pobre e morar não muito longe do coração de Paris, o que hoje é impossível. A intenção do jovem era trabalhar. E trabalhar duro. Como o apartamento era muito apertado, alugou um quarto no prédio 39 da Mouffe para servir-lhe de escritório. Era o velho sobrado onde o poeta Paul Verlaine havia morado no fim da vida. Também não há placa assinalando seu escritório; só a residência de Verlaine.

Hem passava quase o dia inteiro aí, onde mantinha castanhas assadas e laranjas para quando sentisse fome. Também tinha uma garrafa de bebida forte para tomar um gole quando terminava de escrever um conto ou quando fechava o dia de trabalho. Da janela, via os telhados da cidade com suas chaminés e, ao longe, as outras colinas de Paris. Pois foi nesse pequeno escritório que o rapaz trilhou seu curso superior, individual e privado, de jornalismo e literatura. Sendo, ao mesmo tempo, professor e aluno, sozinho, sem redator-chefe, e escolhendo sua própria pauta de trabalho, Hem procurou e encontrou um caminho próprio no jornalismo e na escrita de ficção, definindo para si mesmo a distinção entre as duas formas de escrever. Viajando por outros países para cobrir eventos da política internacional, tinha no escritório da Mouffe o ponto de retorno, o pequeno ninho onde aprendeu a se isolar para escrever e sofrer à procura de cada palavra exata. Aí, criou um método pessoal de trabalho e assumiu a disciplina rígida que será observada por toda a vida.

Deixando-se encantar pela cidade, Hem pôs-se a viver Paris, entregue a tudo que lhe era oferecido, isto é, a tudo de que ele gostava. Observava Paris: o fluxo de estrangeiros pela noite, a beleza da cidade, o ar da cidade. Aprendeu a vagar pelas ruas; flanar, deliciar-se com o encanto dos jardins. Deixou-se levar pela poesia idílica dos cais do Sena, pela Île de la Cité, aquela ilha em forma de barco, onde os fundadores da cidade haviam se estabelecido no início de tudo. Na ponta da Cité, encantou-se pelo jardinzinho, o Square du Vert-Galant, em louvor ao Rei Henrique IV, quase tocando as águas do Sena. Por aí se deixava ficar observando os pescadores que fisgavam um peixinho da família das carpas que ele adorava comer frito num restaurante da Île St-Louis. Curiosamente, ele mesmo não pescava. Embora amasse a pesca miúda, cujos segredos conhecia desde a infância, Hem jamais pescou em Paris. Dizia que, não tendo os apetrechos, era melhor poupar o dinheiro para pescar na Espanha. E também não é tão simples assim pescar em Paris. Não basta possuir os instrumentos e chegar à beira do rio ou do Canal St-Martin. É preciso registrar-se como pescador, obter licença e carteirinha. Claro que Hem teria conseguido, se quisesse, mas, para ele, parece que a pesca miúda não combinava muito com o cenário das grandes cidades.

Também foi cedo que ele encontrou o caminho de Montparnasse, o mais novo *quartier* de Paris, que acabara de ser urbanizado e já se tornara o centro vital de todos os estrangeiros, expatriados, artistas e jornalistas de todo e qualquer comportamento. Mas Hem odiava os americanos de Paris, uma gente que lhe dava a impressão de vagabundos, o tempo todo plantados em Montparnasse. Em reportagem para o *Toronto Star*, ele informou aos canadenses que "a escória de Greenwich Village, Nova York, tem escorrido e feito depósito, em grandes golfadas, naquele setor de Paris adjacente ao Café Rotonde". Sem perdoar essa gente, acrescentou que "a turma que se aglomera na esquina do Boulevard du Montparnasse e do Boulevard Raspail não tem tempo para trabalhar em qualquer outra coisa; dedicam seu dia inteiro ao Rotonde". Nos demais cafés, identifica "modelos profissionais, pintores que tinham trabalhado até escurecer e escritores que haviam terminado, bem ou mal, as tarefas cotidianas". Seu poema *Montparnasse*, sobre os suicídios em Paris, escrito em 1922, termina afirmando que "todas as tardes podemos encontrar num café as pessoas que conhecemos". E disso ele começava a gostar.

Se, por um lado, não pescava, por outro, Hem acentuou seu antigo interesse pelas corridas de cavalos, uma outra paixão parisiense e à qual ele se entregara também em Milão, enquanto convalescia dos ferimentos de guerra. Em Paris, fazendo-se íntimo dos hipódromos de Auteiul e Longchamp, aventurava algum dinheiro extra apostando em seus palpites. Passava domingos inteiros em Auteiul com Hadley, por quem continuava intensamente apaixonado. (E como Paris sabe mimar e aconchegar amantes!) Mas não fez isso por muito tempo. Logo parou com os cavalos e aderiu às corridas de bicicletas, que eram muitas e em várias modalidades.

A bicicleta é mania parisiense, isto é, francesa, há muito tempo. Desde talvez 1791, quando, em pleno furor revolucionário, um certo conde de Sivrac exibiu no jardim do Palais-Royal uma máquina de madeira que avançava sob o impulso dos seus pés no chão. Talvez tenha sido este o mais remoto ancestral da bicicleta, maquininha que os franceses aperfeiçoaram ao longo de todos esses anos, incorporando-a ao cenário parisiense e à paisagem nacional. Nenhuma outra disputa esportiva tem sido mais popular na França do que o *Tour de France*, uma corrida de longo percurso, com duração de vinte e um dias, terminando com a chegada nos Champs-Elysées. De bicicleta, Hem e Hadley costumavam deixar a cidade em longos passeios que podiam chegar à Chartres ou Fontainebleau.

Além dessas participações na vida esportiva e de lazer dos parisienses, Hem aderiu ao tênis, às lutas de boxe e se iniciou em dois outros amores dos nativos: gatos e cachorros. Se em Paris não se veem gatos, salvo em janelas, por entre o vermelho e o verde dos gerânios, os cães são donos das ruas. Nada revela mais um parisiense, qualquer que seja sua origem, do que um cachorro que o acompanhe. Pequeno, grande, pelo graúdo, pelo curto, miniatura, joli, joujou, loulou, seja o que for, no começo do século XXI, havia duzentos mil cães no perímetro urbano, perfazendo uma densidade de 1904 cachorros por quilômetro quadrado. Há também milhares de gatos, mas vivem em seus reclusos, escondidos nos apartamentos. Os cachorros, não; vão à rua, ao café, à loja, à padaria, ao Metrô, presos a mil variações de coleiras e correntes. Alguns desses lugares que não aceitam a presença de cães colocam um letreiro à entrada. Há quem diga, com um certo tom de maldade (ou de verdade?), que um parisiense prefere que ofendam o seu filho do que o seu *Milou*. Mas naquele início de vida em Paris, Hem sabia que "não podíamos nos permitir ter um cachorro ou um gato". Apenas olhava os grandes gatos que moravam nos cafés e admirava os que ficavam nas janelas das *concierges*.

Levado, assim, pelo fascínio da cidade, o garoto entregou-se a ela, alterando toda a sua maneira americana de viver, seus antigos costumes e assumindo tudo aquilo que Paris até hoje exibe com mais competência: a privacidade individual, o sentimento de liberdade, a defesa dos direitos pessoais e, sobretudo, os prazeres da mesa, da leitura e do pensamento. Por certo, o que primeiro deve ter atraído a atenção do garoto, aprendiz de escritor, foi sentir-se dentro de uma cidade que lê. Ler é uma das características do parisiense mais visíveis pelo estrangeiro. O parigot lê.

Mais ainda aquele que faz ou fez Universidade. Até a chegada da internet nos celulares, o Metrô e o RER, de linhas mais longas, eram como que salões de leitura em circulação contínua. Pelos vagões, quem não estivesse lendo, pensando, ou parecendo filosofar, estava decifrando palavras cruzadas (afinal, enigmas, anagramas e charadas tiveram seu apogeu nos salões parisienses do século XVIII, época de Voltaire, pseudônimo que é um anagrama do nome legítimo: Arouet). Se alguém não estiver fazendo nada disso, deve ser estrangeiro. Lê-se de tudo em Paris. Há jornais para cada tendência política. Briga-se por causa de um Prêmio Goncourt concedido a quem se ache que não merece, como aconteceu em 1919 quando foi concedido a Proust por *À sombra das raparigas em flor*. A cidade transpira leitura. Entenda-se, porém, que isso não significa que o padeiro lê, o dono do café, o lojista, o entregador de supermercado, as comerciárias, o garçom, o garoto da galera, que todos vivam lendo, mas, se você prestar atenção, vai achar que todo mundo tem mesmo um livro na mão; ou na cabeça. E como se faz isso nos cafés! Poucas coisas são mais parisienses aos olhos de qualquer estrangeiro do que essa visão de estudantes e adultos lendo ou escrevendo ao lado de uma xícara de café expresso, sentados em cadeirinhas de vime, os braços apoiados sobre a mesa redonda com friso de zinco. Hem aprendeu a lição de imediato. Adquiriu o hábito logo nos primeiros meses. Entregou-se ao prazer de ler ou escrever sentado às mesas dos cafés, sem que ninguém o interrompesse, fazendo de alguns cafés uma extensão do seu escritório, tanto para ler como para escrever. Com isso, aprendeu também que não devia ser perturbado enquanto estivesse escrevendo, mesmo que fosse em público. Esta regra, aprendida e imposta a si mesmo, em Paris, carregará consigo vida afora. Tempos depois, há de lembrar-se de um café em St-Michel, onde gostava de escrever, o que revela que, no princípio dos anos vinte, os cafés de St-Michel ainda não eram tão apinhados de turistas. Embora, anos depois, deixe de escrever em cafés e bares, jamais perderá o hábito da leitura nesses ambientes. Quando morar em outras cidades, bem longe de Paris, será sempre em seus bares de estimação que lerá cartas, jornais e revistas tomando seus drinques preferidos.

Pois se deu que em maio de 1922, cinco meses após ter chegado, enquanto andava assim entregue ao trabalho e à descoberta da cidade, seu conto *Um Gesto Divino* apareceu na revista *Double-Dealer*, de New Orleans. Era uma história escrita ainda na América e, certamente, tivera ajuda de Sherwood Anderson para que fosse publicada. Nesse mesmo ano, com Hadley, o garoto viajou pela Itália, percorrendo os lugares onde servira em 1918. Era Ernest Hemingway situando-se numa Europa desgastada pela guerra mas, como ele, totalmente voltada para o futuro.

No centro do mundo

Toda a vida gostei da natureza; a natureza é sempre melhor do que as pessoas. Das pessoas só posso gostar de poucas de cada vez.

– *As Verdes Colinas de África*, depoimento-reportagem

Foi sem pressa ou ansiedade que Hem começou a procurar e conhecer pessoas e viu surgirem os primeiros amigos. Alguns no mundo do jornalismo; outros no imenso universo literário que era Paris. Talvez as amizades mais sinceras e importantes tenham sido Ezra Pound e Sylvia Beach, a das lindas pernas. Foram também as mais duradouras. Mas o que terá feito com que um garoto de 22 anos, de pouca leitura, que havia terminado só High School, o curso colegial; que fora criado caçando e pescando pelas florestas americanas; cujo trabalho mais importante havia sido o de repórter policial num jornal de Kansas City e era agora correspondente do *Toronto Star*, um jovem muito mais enfronhado na gíria e na linguagem baixa dos viciados em drogas, traficantes, prostitutas, homossexuais e profissionais do boxe do que com o pensamento refinado dos bons escritores, o que terá feito com que ganhasse a amizade de pessoas não só mais velhas do que ele como já bem situadas na literatura mundial? A única resposta parece estar no natural fascínio que exercia; no charme, a sedução pessoal. Desde o início, o rapaz agradou a todos. Seu poder de encanto parecia tão intenso quanto o da própria cidade. Menos de seis meses depois de ter chegado, Hem já frequentava o apartamento de Gertrude Stein, mulher de estilo literário erudito e renovador, cujo salão era visitado por importantes intelectuais e artistas da Europa e da América. Já se fizera também íntimo do estúdio de Ezra Pound, homem de vigorosa cultura clássica, o mais erudito dos poetas americanos, e frequentava a livraria de Sylvia Beach, o mais procurado ponto de encontro literário internacional de Paris. Facilmente essas pessoas o aceitaram como amigo e lhe abriram a porta dos seus estúdios.

Ainda era inverno, quando Hem foi à Rue de Fleurus em sua primeira visita à Gertrude Stein, escritora de origem judia, nascida na Pensilvânia. Sherwood Anderson lhe havia falado que ela andava renovando a arte de escrever, criando "algo muito doce para a língua e fragrante para as narinas", conforme dizia. Ao conhecê-la, Hem encantou-se por aquela mulher de 49 anos, vinte e seis a mais que ele, de ampla cultura e que, em seu salão, recebia uma parte da nata de artistas que viviam em Paris e dos que estivessem de passagem pela cidade. Para recebê-lo, com certeza, a carta de apresentação de Sherwood fora valiosa, pois dizia tratar-se de um escritor talentoso e agradável. Claro que uma apresentação dessas era suficiente para que o rapaz fosse recebido no salão de Miss Stein e sua companheira Alice Toklas, mas bastaria para que se tornasse um frequentador? Certamente, não. De gosto artístico fino e de alto nível intelectual, Miss Stein só podia ser exigente quanto ao talento de suas relações. Hem, que não possuía conhecimentos à altura do salão (sequer havia lido os russos do século XIX), por certo ganhou a atenção daquela senhora através de outros meios. Talvez a juventude, o velho charme ou o seu atualíssimo linguajar da América, que ela não conhecia.

De sua casa na Cardinal Lemoine até a Rue de Fleurus, onde morava Miss Stein, Hem tinha que contornar ou atravessar o Jardin du Luxembourg, que ele já havia descoberto e onde gostava de passear. Este jardim é o deleite dos bairros que ficam à sua volta; lugar de repouso, relaxamento e longas caminhadas sob a copa de plátanos e castanheiros. O Palais du Luxembourg, num canto do jardim, é obra construída pela Rainha Maria de Médici que, depois da morte do marido, Henrique IV, não quis continuar morando no Louvre. Nos anos vinte, o palácio abrigava o Musée du Luxembourg, com as obras dos impressionistas. Foi nesse museu que Hem teve contato com a pintura de Cézanne e se deixou tomar de encanto por ela. (Tempos depois, as obras impressionistas foram levadas para o Jeu de Paume e atualmente estão no Musée d'Orsay.) Mas nem o jardim, nem a fonte dos Médici, nem o Palácio aparecerão na obra de ficção de Ernest Hemingway.

A Rue de Fleurus começa defronte do portão oeste do Jardin du Luxembourg, cruza o Boulevard Raspail e acaba na Rue Notre-Dame-des-Champs. Reta no início, mas terminando em curva, é uma rua cinzenta, residencial, de pouco movimento e poucos cafés, com os prédios em vários estilos, inclusive um moderninho e feioso. Carros estacionam com dois pneus sobre a calçada (o que é raríssimo na cidade) e dos dois lados da rua, o que é quase inconcebível. Antes de alcançar o 27, dei com uma indesejável Rue Duguay-Trouin. Indesejável, pelo menos para mim, porque esse dito Duguay-Trouin, prenome René, nome de rua em

Paris, foi o corsário que assaltou o Rio de Janeiro, na primavera de 1711, ocupando os morros do Castelo e de São Bento, além da fortaleza de São João. Como resgate, levou gado suficiente para abastecer seus navios e, para o seu Rei, Luís XIV, mais de seiscentos mil cruzados, quinhentas caixas de açúcar e sabe-se lá mais o quê, numa infeliz contribuição dos cariocas ao luxo de Versalhes. De volta à França, por tais feitos e outros semelhantes, o dito pirata foi promovido a chefe-de-esquadra; depois, a tenente-general. Cruzei a rua sem cumprimentar aquele mal-lembrado e continuei pelo trajeto do jovem Hem, quando o garoto seguia em visita a Miss Stein, no 27, um prédio mais largo que alto, austero, cinzento, pesadão, como sua moradora mais famosa. A portada em arco é encimada pela cabeça de uma figura greco-romana contornada por ramos de acanto. Uma placa informa que Gertrude Stein "viveu aqui com seu irmão Léo Stein, depois com Alice B. Toklas", de 1903 até 1938, e que recebia artistas e escritores.

Muito bem recebido por Miss Stein e sua companheira Alice, Hem encantou-se com o salão, cujas paredes exibiam quadros recentes dos mais brilhantes e jovens pintores que viviam em Paris. Ali, Miss Stein recebia visitas de Picasso, Braque e Matisse, além de poetas como Guillaume Apollinaire. Seduzido pela recepção da escritora, que o deixou livre para voltar sempre que quisesse, mesmo morando num minúsculo apartamento da pobre rua Cardinal Lemoine, Hem convidou Gertrude e Alice para um chá. Convite feito; convite aceito. A tarde desse chá jamais será esquecida por ele. Os quatro ali, reunidos em lugar "tão pequeno que éramos obrigados a ficar muito mais próximos". Hem leu para elas alguns dos seus contos e ouviu as análises de Miss Stein. Um desses contos era *Lá em Michigan*, aquele em que o garoto recria (ou inventa?) o momento de sexo com aquela empregadinha da estalagem de Petoskey, atrás do celeiro de batatas. Ligeiramente espantada, mas sem revelar o espanto, Miss Stein considerou o conto impublicável. Hem ouviu com atenção toda a análise de suas histórias, deu valor a algumas observações, mas, em silêncio, não aceitou que *Lá em Michigan* fosse impublicável.

Em geral, fala-se da grande importância de Gertrude Stein na formação de Ernest Hemingway. É certo que ela julgou aquelas primeiras histórias do rapaz, deu-lhe conselhos, mostrou-lhe caminhos, mas foram as leituras que ele começou então a fazer (algumas, talvez, com indicações dela), o exercício persistente da escrita e um rigoroso senso crítico os elementos mais valiosos para a sua formação de escritor, bem mais importantes que todos os conselhos de Miss Stein. Contos que ela rejeitara, como *Lá em Michigan*, o rapaz guardou e, quando publicados, foram muito bem aceitos. Depois dos comentários de Gertrude Stein, a nenhum outro escritor Hemingway há de mostrar obras suas pedindo julgamento literário, pois, em Paris, adquiriu a segurança necessária que o fará para sempre o único juiz a respeito daquilo que escrever e quiser publicar.

Naquela manhã em que fui à Rue de Fleurus, pela primeira vez, cumprimentei as janelas fechadas do 27, deixando Gertrude em seu aconchego, e marchei à procura do 12 Rue de l'Odéon, a antiga livraria de Sylvia Beach, não muito longe dali.

Com o nome de Odéon, Paris tem um *carrefour*, uma praça, uma rua, uma estação do Metrô e um Teatro Nacional, tudo num pedacinho do *6e arrondissement*, onde há ruas com nomes de Corneille, Racine, École de Médicine e Ancienne Comédie. Passei pela pracinha Paul Claudel cumprimentando o poeta, e contornei o Théâtre National de l'Odéon, todo em homenagem aos atores Jean-Louis Barrault e Madeleine Renaud, que aí trabalharam por nove anos, até 1968, o ano do movimento estudantil. Aliás, durante esse movimento, Barrault fez do Théâtre de l'Odéon um centro de debate público e permanente. Sobre tais debates, Mary McCarthy escreveu a Hannah Arendt contando que "ir ao Odéon tornou-se programa para depois do jantar ou domingo à tarde" e que, lá, a liberdade de expressão "era respeitada a um ponto fantástico e havia gente de todas as idades e posições discutindo questões: jovens trabalhadores, homens de negócio, um coronel do exército, um garçom de bar, jovens donas de casa bonitas". Diante de uma das colunas do teatro, lendo uma placa memorial, fiquei sabendo que "aqui, dia 25 de agosto de 1944, com a idade de 20 anos, tombou Jacques Guierre, estudante FFI, morto pela França". As FFI (*Forces Françaises de l'Intérieur*) eram as forças de resistência que estiveram lutando em Paris durante a semana de libertação da cidade. Em outras palavras, era a Resistência Francesa. Saudações, meu caro Jacques.

Da frente do teatro, tem-se a perspectiva invertida da Rue de l'Odéon, uma "rua fria, varrida pelo vento", como há de lembrá-la Hemingway. No prédio 22, uma placa me informou que ali havia morado o revolucionário Camille Desmoulins, de 1782 até sua prisão, doze anos mais tarde. O 12 é um prédio simpático, de aparência jovial, com balcões avançados e jardineiras floridas. No térreo, ao lado da porta principal, encontrei uma butique de roupas. Ali, nos anos vinte, havia sido a livraria Shakespeare and Company, de Sylvia Beach. Esta mulher, nascida em Princeton, Nova Jersey, em 1887, abrira a livraria em Paris, em 1919. Com ela, desempenhou um papel de altíssima importância junto aos escritores de língua inglesa radicados na cidade depois da guerra. Era uma casa frequentada por Archibald MacLeish, John dos Passos, Ezra Pound, Gertrude Stein, T. S. Eliot, Hilda Doolittle, Virgil Thomson, Man Ray, Robert McAlmon, Janet Flanner e todos os outros escritores americanos que passassem por Paris.

No ano em que Hem chegara, a revista literária americana *The Little Review*, de Margareth Anderson e Jane Heap, tivera exemplares apreendidos por estar publicando em capítulos o *Ulisses*. Com a publicação interrompida, as responsáveis foram processadas, julgadas e condenadas. *Ulisses* causava escândalo e sequer havia aparecido em livro. Foi então que Sylvia Beach decidiu publicá-lo. Pediu a James Joyce que "deixasse Shakespeare & Company ter a honra de dar a público... *Ulisses*". A edição foi impressa numa gráfica de Dijon e o dia em que os primeiros exemplares chegaram a Paris, 2 de fevereiro de 22 (2-2-22), quando Joyce completava quarenta anos, tornou-se uma data cultuada para sempre pelos joyceanos de todo o mundo. Com essa edição, o nome de Sylvia Beach cresceu mais ainda entre os escritores franceses e estrangeiros. Hem leu *Ulisses* imediatamente e se empolgou com a liberdade no uso de palavras e expressões e com o romance inteiro. Um dia revelará quanto essa leitura libertou nele o escritor que estava apenas desabrochando; quanto o deixou mais livre para construir sua própria linguagem.

Pertinho da Shakespeare and Company, na mesma rua, ficava uma outra livraria, La Maison des Amis des Livres, de Adrienne Monnier. Enquanto Sylvia agrupava escritores de língua inglesa, Adrienne recebia os franceses, gente do porte de Paul Claudel, André Gide e Paul Valéry. Isto fazia da Odéon uma rua frequentada pela mais elevada inteligência mundial, por alguns dos intelectuais e artistas mais importantes do século, toda uma gente que vivia à margem do universo das melindrosas compradoras de Coco Chanel e para quem os anos vinte decididamente não eram loucos. Sylvia apresentava artistas e escritores, uns aos outros, passava recados que eles deixavam, facilitava encontros e incentivava os jovens iniciantes. Era como se toda a literatura de língua inglesa que estava sendo criada passasse por sua livraria assim como artistas de outras áreas, sobretudo os de vanguarda. Na Shakespeare and Company, foi executada pela primeira vez a partitura de George Antheil feita para o filme *Ballet Mécanique*, de Fernand Léger.

A presença de Sylvia Beach e de sua livraria é obrigatória em qualquer livro sobre Paris dos anos vinte assim como em qualquer biografia de Hemingway, Joyce ou Pound. Há muitas fotos que revelam a discretíssima beleza de Sylvia e sua elegância no porte e no vestir. Numa delas, da coleção Roger-Violet, usando um chapéu desabado, o olhar de Sylvia é sereno, intenso e decidido; encantador. Nenhum dos seus contemporâneos falou mal dela. Há, porém, um certo desentendimento nas narrativas quanto ao modo como Sylvia Beach e Ernest Hemingway se conheceram. Dizem os biógrafos que Sherwood Anderson escreveu uma carta apresentando o jovem jornalista a Sylvia, mas Hemingway conta em seu livro de memórias que, certo dia, falou à sua mulher sobre "o lugar maravilhoso que tinha descoberto", deixando entender que encontrara a Shakespeare and Company por acaso e, assim, conhecera Sylvia. Acontece também que muitos biógrafos costumam afirmar que Hemingway não se incomodava em mentir para contar vantagem ou para desvalorizar a atuação de alguém que não lhe interessasse mais. Afinal de contas, além de pescador, era um bom caçador. Certo mesmo é que a amizade com Sylvia se estabeleceu de imediato, tornando-se de evidente importância para a formação do escritor.

O primeiro encontro de Hem com Ezra Pound também não deve ter sido diferente. Certamente o garoto procurou o poeta em casa, como fizera com Gertrude Stein. Os biógrafos contam que Sherwood Anderson escrevera uma carta de apresentação também a Pound. Hemingway não comentará. Nem mesmo em seu livro de memórias há de se referir a Sherwood ou a essas cartas de apresentação.

Ezra Loomis Pound, americano nascido em 1885, no Estado de Idaho, era um intelectual de vasta e profunda erudição que havia sido professor de línguas românicas em seu país e, aos trinta e sete anos, era já um poeta de respeito. Com alguns livros publicados, ele mesmo se considerava mais admirado que lido. Casado com a pintora Dorothy Shakespear (assim, sem o *e* final), viera de Londres, onde vivera doze anos, chegando a Paris alguns meses antes da chegada de Hem. Ezra e Dorothy moravam num estúdio do 70 bis Rue Notre-Dame--des-Champs quando Hem os conheceu, em fevereiro ou março de 22. Pobre, Ezra tinha um enorme prazer em trabalhar como marceneiro. Ele mesmo fabricava os móveis de sua casa. Ao visitá-lo, Hem percebeu que o estúdio em que Pound morava era "um lugar tão pobre quanto o de Gertrude Stein era rico". Pelas paredes havia quadros de pintores japoneses e alguns pintados por Dorothy que, para Hem, era uma "mulher bonita e tinha um corpo perfeito".

Pound estava envolvido com a cultura francesa, sendo amigo de Jean Cocteau e de outros artistas, um tipo de envolvimento que

Hemingway jamais terá. Até frequentava o salão literário de Natalie Barney, uma conterrânea loura, rica, nascida no Ohio, que morava em Paris esbanjando beleza, inteligência, sedução e fortuna. Atuando como uma daquelas mulheres de Lesbos que habitavam a *rive gauche*, Natalie conhecia meio Paris e um dos seus casos de amor havia sido a bela Liane de Pougy, famosa cortesã do princípio do século que depois se tornaria religiosa da Ordem Terceira de São Francisco. Desse meio de mulheres ricas e salões literários, Hem também jamais se aproximou. Nem se aproximará. Nem em Paris nem em lugar algum.

Reverenciando o aspecto macho e atlético de Hem, Pound pediu-lhe que o ensinasse a lutar boxe. O garoto treinou com ele, mas o poeta não conseguia aprender sequer a encolher a direita ou desfechar um gancho de esquerda. Para Hem, o Ezra Pound dos tempos de Paris foi um "amigo generoso" que buscava ajudar todos aqueles que precisassem dele; "era muito melhor e demonstrava ter mais caridade cristã com as pessoas do que eu". Todas as lembranças de Hemingway sobre Pound serão afetuosas e é assim que ele será lembrado em *Paris é uma Festa*: "Seus próprios escritos, quando ele acertava a mão, eram tão perfeitos e ele se mostrava tão sincero em seus equívocos, tão enamorado de seus erros, e tão gentil com seus semelhantes, que eu sempre o considerei uma espécie de santo. Às vezes costumava ser dominado pela cólera, mas qual um santo que jamais a conheceu?"

Um ano de muitas viagens

> Primeiro, tentei eliminar tudo o que era desnecessário para transmitir a experiência ao leitor, de modo que, depois que ele leu algo, esse algo se tornará parte de sua experiência, parecendo-lhe haver verdadeiramente ocorrido.
>
> – Entrevista na *The Paris Review*

Anônimo na cidade mágica, o garoto criou para si um sistema de vida que lhe deixava todo o tempo do mundo para escrever e ainda visitar os novos amigos, entregar-se ao lazer, à leitura e ao amor. Por ter trabalhado na redação de um importante jornal, havia aprendido que a disciplina é a base para se obter bons resultados. Hora de escrever, escrever. Tratar de render o máximo e, depois, fazer o mesmo com as relações afetivas, os divertimentos, as leituras. Fora do trabalho, nada de pensar no trabalho. Assim, aprendeu a distribuir o tempo com serena proporção. Se o esforço da escrita tinha o lado sofrido da busca da "frase verdadeira" e da luta, às vezes exaustiva, para "encontrar uma única palavra", o tempo de leitura era todo feito de prazer. Na base deste prazer, se fixaram Sylvia Beach e sua livraria.

A Shakespeare and Company era um misto de livraria e biblioteca de empréstimo com sistema de assinatura e pagamento de taxa por livros emprestados. Hem, que não podia comprar livros novos, lia os da biblioteca. Gentil, Sylvia lhe facilitava tanto a maneira de pagar como a duração dos empréstimos e a quantidade de volumes a levar. Hem levava muitos. Até viajava com eles. Numa carta a Sylvia, enquanto passava o inverno na Áustria, ele lhe pergunta se deve fazer a devolução de todos os livros pelo correio, só de alguns ou se fica com eles até regressar. Essas leituras fundamentaram o escritor Ernest Hemingway, que passou a conhecer os russos que irá reverenciar por toda a vida: Turguêniev, Dostoiévski, Checov. Leu também os franceses que incluirá entre seus mestres: Flaubert, Stendhal, Maupassant. É provável ainda que tenham saído da biblioteca de Sylvia pelo menos alguns dos seus futuros mestres: John Donne, Quevedo, Góngora, Virgílio, São João da Cruz e Shakespeare. Talvez Rudyard Kipling e Joseph Conrad já tenham vindo com ele da América. Com Mark Twain, havia o universo rural americano que os unia. Por toda a vida, há de afirmar que a literatura do seu país começara com *Huckleberry Finn*, que ele muito admirava.

Em pouco tempo, Hem passou a usar Shakespeare and Company também como endereço comercial-literário. Até cheques de pagamento de editoras chegariam a ele via Sylvia Beach, em sua livraria apinhada de fotografias de escritores famosos emolduradas pelas paredes. As estantes cheias de livros iam até ao teto se estendiam pela sala dos fundos, que dava para o pátio interno. No tempo frio, Sylvia acendia um fogão que deixava o ambiente aquecido e ainda mais acolhedor. Dali a poucos anos, uma foto do já famoso escritor Ernest Hemingway terá lugar numa das paredes do 12 Rue de l'Odéon. Será aquele retrato do rosto em perfil, quando Hem usava um bigodinho fino e alongado, como o que usará o ator Clark Gable.

Nesse primeiro ano de Europa, atuando como repórter, Hem conheceu muita gente da imprensa e fez viagens importantes que, além de renderem matérias para o *Star*, marcaram fortemente o escritor. Em abril, esteve em Gênova para cobrir a Conferência Econômica Internacional. De passagem por Milão, entrevistou Benito Mussolini, que começava sua ascensão ao poder. Em setembro, foi à Constantinopla cobrir o final da guerra Grécia-Turquia. Aí, assistiu à cruel retirada das populações civis, cerca de trinta quilômetros de estrada em que milhares de pessoas, carregando o que lhes restava, caminhavam debaixo da chuva, tangidas pelos soldados gregos. Além de pegar malária em viagem tão funesta, Hem voltou a Paris com o corpo tomado por picadas de percevejos e mosquitos e a cabeça coalhada de piolhos. Em novembro, esteve em Lausanne para a Conferência de Paz que iria decidir o conflito territorial entre a Turquia e a Grécia. Nessa ocasião, escreveu uma reportagem apontando Mussolini como um blefe. Isto impedirá por muitos anos que os livros de Ernest Hemingway sejam publicados na Itália.

Em dezembro, Hadley partiu de Paris para encontrá-lo em Lausanne e seguirem juntos para o inverno na Áustria, fugindo da umidade parisiense. Levava uma valise com os manuscritos do marido para que ele pudesse trabalhar. Na Gare de Lyon, descuidou-se e a valise foi roubada. Era quase toda a produção do rapaz que sumia assim, num instante. Talvez aquele velho romance de Nick Adams tenha partido com a mala; ou já teria sido abandonado? Com o autor, restaram três contos e o cruel sentimento de perda. Essa perda o abalou mais que qualquer outra coisa; mais que a recusa das revistas ou as contínuas inflamações na garganta. Era Hem voltando à estaca zero, ao recomeço de tudo, como se tudo tivesse mesmo de começar em Paris.

De volta da Áustria, bem situado na cidade e com amigos importantes, Hem começou 1923 com uma viagem à Itália e com Hadley ficando grávida. Durante a viagem conheceu Robert McAlmon, escritor americano casado com mulher rica e que, como tantos outros casados com mulheres ricas, vivia em Paris. Amante de publicações refinadas, McAlmon acabara de criar a editora Contact Publishing Company e acertou com Hem a publicação de um livro seu. Como tinha pouco material, seria algo muito pequeno. Assim surgiu o primeiro livro de Ernest Hemingway: *Três Contos e Dez Poemas*. Os três contos eram *Lá em Michigan*, *Fora da Estação* e *Meu Velho*. Este último é sua primeira história em que aparece Paris. Trata de cavalos. Um jovenzinho, acompanhado de seu pai, chega a Paris e compara a cidade com Milão, mas conclui que Paris "tem os melhores hipódromos do mundo". Depois desse livro, Hemingway jamais voltará a publicar aqueles poemas em livro, ou quaisquer outros, embora continue escrevendo poesia. (Uma seleção de sua obra poética, *88 Poems*, será publicada em livro só depois de sua morte.)

Em maio desse mesmo ano, na companhia de McAlmon e William Bird, um outro editor de pequenas tiragens e de quem já era próximo há algum tempo, Hem foi à Espanha pela primeira vez. Apaixonou-se pela terra, pelo povo, pelas touradas. Voltou fascinado e planejando retornar com Hadley para a *fiesta* de San Fermin, em Pamplona, em julho. Era o início de uma paixão que o tornaria um *aficionado*, isto é, um sujeito que, como ele mesmo definirá, "entende de touradas em geral e em particular e permanece gostando delas". Para isto, sim, foi importante a amizade com Gertrude Stein, que lhe deu o pontapé em direção aos touros. Extremamente sensível, ele se deixara marcar pela Espanha e a marca ficou para sempre.

William Bird, por essa época, havia comprado uma máquina tipográfica manual que instalara numa velha adega de vinhos na Île St-Louis e andava editando livros inteiramente artesanais. Bill fechou negócio com Hem para a publicação de um livro de contos pela sua editora, a Three Moutains Press. Na entrega dos originais, o autor recebeu 50 dólares, com a promessa de receber mais 50 depois da publicação. Era o início de Ernest Hemingway escritor profissional.

No final do verão, Hem viu as provas desse livro, intitulado *Em Nosso Tempo*, e partiu com a mulher para Toronto, a sede do jornal, pois queria que seu filho nascesse em terras americanas. Mas tinha certeza de que ia voltar. Entregando o apartamento da Cardinal Lemoine e o escritório da Mouffe, dava por encerrada sua primeira fase parisiense. Fechava-se o ciclo da iniciação amorosa, quando desabrochara por Paris uma espécie de amor à segunda vista. Morando na Montagne Ste-Geneviève, fizera a descoberta da cidade pelo que ela possui de mais verdadeiro, sem o disfarce que a imagem turística impõe ao visitante. Ali, o rapaz mergulhara no *Paris profond*; Paris dos parisienses da gema e de boa cepa, os *parigots*; Paris das toaletes coletivas, dos bondes noturnos carregados de legumes, bombeiros esvaziando as fossas, pois os esgotos ainda não haviam chegado lá no alto. Era uma face da cidade que ficará para sempre na lembrança do escritor e que será recriada em sua obra. Ele, porém, nunca mais reencontrará aqueles vizinhos que eram motoristas de táxi, acordeonistas, carvoeiros, vendedores de leite de cabra, bêbados, garçons e mulheres do *bal musette*. Talvez até jamais volte a circular por ali. Embora gostasse do *quartier*, Hem não fez amizades na Montagne Ste-Geneviève e a Place de la Contrescarpe não será mais cenário dos seus dias, salvo através dos personagens que criar.

Chegando a Toronto, com alguns exemplares do *Ulisses* escondidos (o livro estava proibido na América), voltava a trabalhar como repórter local na cidade que conhecia muito bem, onde fizera amigos e cuidara do jovem Ralph Connable. Agora passava a receber salário fixo e não só pelo que produzisse, como em Paris. Mas suas relações com o novo editor do jornal não eram nada boas. E sabia que já era tempo de escolher entre jornalismo e literatura, pois o trabalho do repórter roubava o tempo do escritor.

Com o título em minúsculas, como era moda nas artes gráficas da época, *em nosso tempo* foi lançado em Paris numa edição artesanal de 170 exemplares feita por Bill Bird em sua impressora manual e com papel de pano feito à mão. O livro, de 32 páginas se compunha de seis contos-miniatura que já haviam aparecido em *The Little Review* e doze contos um pouco mais longos; nenhum deles com título próprio.

Ao filho recém-nascido, Hemingway deu o nome de John Hadley Nicanor Hemingway numa homenagem à sua esposa e ao toureiro espanhol Nicanor Villalta, um dos grandes *matadores* da época. Logo, o menino passou a ser chamado Gallito, Bumby, Matt ou Joe. Bumby prevaleceu. À guisa de curiosidade: Hem e Hadley vieram de Paris para que o filho não nascesse na Europa e sim em solo americano, mas não foram para os Estados Unidos. Bumby nasceu mesmo foi no Canadá.

Afinal, decidido a se dedicar exclusivamente à literatura, Hem pediu demissão do *Star*. Com isso, dava por encerrada sua atuação na imprensa. Não queria mais editores que ficassem a dizer-lhe o que acharam de suas matérias, pautando-lhe os assuntos a serem cobertos ou recriminando seus erros e perdas de furo. Era como se estivesse dando por terminada sua fase universitária de aprendizagem do jornalismo. E não sentia necessidade de mestrado. Agora o trabalho seria mais solitário ainda. Escreveu então a Sylvia Beach que "graças a Deus vamos voltar a Paris".

Antes da viagem de regresso, foi a Oak Park em visita à família, mas sem Hadley e Bumby, para evitar problemas à saúde do menino. Em casa, Grace Hall admirou-se com o filho, seu senso de responsabilidade e o amadurecimento. Em janeiro de 24, o casal voltou para a França com Bumby, sessenta e cinco anos antes que eu percorresse a Rue

Notre-Dame-des-Champs em busca do 113 e descobrisse que o 113 não existe mais. Desaparecera nas malhas da corrida imobiliária. Nesse antigo endereço, Hem, Hadley e Bumby foram morar no andar de cima de uma serraria, ouvindo o barulho da serra e dos caminhões carregando e descarregando madeira. Apesar desse detalhe, a vizinhança era de nível econômico muito mais elevado que o da Cardinal Lemoine, sem contar que ali, na mesma rua, ficava o estúdio de Dorothy e Ezra Pound. Vivendo com mais conforto, apesar de desempregado, Hem passava a morar no *6e arrondissement*, bem pertinho de Montparnasse.

O *6e arrondissement* é limitado ao norte pelos cais des Grands Augustins, de Conti e Malaquais; ao sul, pelo Boulevard du Montparnasse; a oeste pela Rue des Saints-Pères e a Rue des Sèvres e, a leste, pelos 1380 metros da calçada direita do Boulevard St-Michel. É um distrito assinalado por vários núcleos da Universidade de Paris, alguns liceus e museus, como o Eugène Delacroix. Há também teatros, como o du Vieux Colombier e o Odéon. Além do Boul'Mich, a artéria de trânsito mais destacada é o Boulevard St-Germain, conhecido de todos os turistas que visitam Paris porque é nele que ficam a igreja de St-Germain-des-Prés, os cafés de Flore e Aux Deux Magots e a Brasserie Lipp. Mais para o sul, ficam o Jardin du Luxembourg e o belo Jardin de l'Observatoire, por onde passa o Meridiano de Paris: 2° 20'17" a leste de Greenwich, numa latitude de 48° 50'11". Colado ao Quartier Latin, o *6e arrondissement* é um distrito cravejado também de hotéis, livrarias, editoras e cinemas. O *faubourg* St-Germain é sua área nobre. Entre as várias igrejas, St-Sulpice há de desempenhar uma particular inserção no futuro próximo de Ernest Hemingway.

A Notre-Dame-des-Champs é rua de pouco movimento, que começa na estação St-Placide e segue fazendo curvas até chegar ao ponto em que termina o Boul'Mich, diante da estátua do Marechal Ney, aos fundos do Café La Closerie des Lilas. Mudar-se para esta rua fez com que os Hemingway tivessem vizinhança mais refinada e ficassem mais perto dos amigos. Para entrar ou sair de casa, atravessavam o pátio interno, onde a madeira da serraria ficava empilhada. Hem escreveu aos pais que o apartamento era "confortável, claro, bem aquecido, no sexto andar, com uma bela vista e todo o conforto moderno". Para ajudá-la nos serviços de casa, Hadley contratou Madame Rohrbach, uma senhora que morava na Avenue des Gobelins e que já havia trabalhado para eles. Madame, além da limpeza da casa, ficava com Bumby quando os pais saíam ou viajavam. O menino, logo que aprendeu a falar, decorou uma cançãozinha com o endereço de Madame Rohrbach para cantar se alguma vez se perdesse pelas ruas:

"*Dix bis Avenue des Gobelins*
Dix bis Avenue des Gobelins
Dix bis Avenue des Gobelins
C'est là qu' habite mon Bumby."

Este último verso aparece no livro de Anthony Burgess numa versão em inglês: *That's where my Bumby lives.*

Afinal, instalado no novo apartamento, Hem teve seu primeiro gato, de nome F. Puss. Com ele, o ianque se aproximava ainda mais do estilo de viver dos parisienses. Grande e manso, F. Puss velava o sono de Bumby quando os pais estavam fora e Madame Rorhbach precisava sair para alguma compra rápida. Decidindo batizar o filho, Hem e Hadley convidaram Miss Stein para madrinha e o batizado foi feito na Capela Episcopal St-Luc, certamente uma capelinha (protestante?) metida ali no intrincado do *5e* ou do *6e* que ainda não encontrei. Agora, com o filho tendo certidão de batismo na cidade, Ernest Hemingway começava a fincar raízes em Paris.

O parisiense

Em primeiro lugar é preciso talento.
Talento como o de Kipling.
Depois disciplina.
A disciplina de um Flaubert.

– *As Verdes Colinas de África*, livro

Nada pode ser mais parisense do que ter o seu café, ou seja, um lugar adonde se vai sempre ou todo dia e até várias vezes ao dia. Conhece-se o garçom, o gerente, o dono. E Madame, que fica na caixa, sempre muito bem vestida e penteada. Ao chegar, é-se cumprimentado com um aperto de mão e um ça vá. Todo parisiense tem seus cafés: aquele que fica perto do trabalho, aquele no seu *arrondissement* e aquele outro, de fim de semana, para mudança de ares. Hemingway sempre teve os seus. Fez amizade com alguns garçons; mas, garçons, todo boêmio sabe, basta que desapareçam do café para que sumam de nossas vidas.

Embora já houvesse aprendido com os habitantes da cidade a parar num café e ficar lendo ou escrevendo, foi depois que se mudou para aquela rua dedicada à Nossa Senhora dos Campos que Hem teve o seu primeiro café de estimação: La Closerie des Lilas. Como estivesse morando num apartamento maior, não carecia de alugar local para escritório. Mas havia o barulho da serraria. Para fugir dele, por algum tempo usou a Closerie como seu lugar preferido para escrever fora de casa e encontrar amigos. Às vezes ficava na sala; outras vezes no terraço cercadinho de lilases que dá nome ao café. Na primavera e no outono, costumava ficar do lado de fora, junto dos lilases ou sob o toldo. Tudo bem que gostasse de outros cafés, mas a Closerie tornou-se "o café do meu coração". Era um ambiente tranquilo por muitas horas do dia; um lugar limpo e bom para trabalhar. Pendurados numa vara, na sala, ficavam revistas e jornais. Desde os anos dez, tinha adquirido a fama de ser um café de poetas, mas o único poeta que Hemingway viu por lá foi Blaise Cendrars, que havia perdido um braço durante a guerra. E havia um detalhe: os frequentadores do Dome e da Rotonde, de Montparnasse, nunca vinham à Closerie. Eram dois climas que não se cruzavam.

Depois de Hemingway, a Closerie passou por muitas transformações e pouco resta daquela que ele frequentara. As primeiras mudanças começaram ainda nos anos vinte e o jovem escritor presenciou quando os novos donos, pretendendo arrebanhar freguesia mais rica, instalaram um balcão com banquinhos, estilo bar americano, e impuseram novas regras aos garçons, proibindo até de usarem bigodes. Já no século XXI, La Closerie des Lilas é um luxuoso café-brasserie-restaurant com piano-bar, carregado de charme e requinte: a cara de Paris, até nos altos preços. Para quem chega, a simplicidade do terraço a céu aberto nada antecipa dos brilhos da sala que, à época de Hem, era apenas envolvida por "uma penumbra raiada de luz".

Em 1989, na minha primeira visita, no cartão-postal, a Closerie se dizia um Café Littéraire et Artistique. Até que ponto era assim artístico e literário só os donos poderiam responder, mas é ainda embalado por essa aura que se mantém, uma aura que cresceu por todo o mundo a partir dos anos 1960 com o lançamento de *Paris é uma Festa*, esse hino de amor ao velho Paris dos anos vinte. As mesas da sala já homenageavam aqueles fregueses de outra era com seus nomes gravados em plaquinhas douradas assinalando os lugares que ocuparam. Se você, meu caro, entrar numa de acreditar que Lênin sentou-se exatamente ali e Trotski e todos os outros, estará acreditando numa bobagem ou numa mentira. O lugar de Hemingway, por exemplo, era no balcão, quase no meio do bar americano que ele tanto rejeitou. Impossível que se sentasse ali. (Só muito mais tarde, em Havana, haverá de sentar-se num banco de balcão, mas num cantinho, jamais no centro da onda, e para ler revistas e cartas; não para escrever, como fazia na Closerie.) Outra homenagem desse café parisiense ao garoto do Illinois é o seu nome num prato do cardápio. Em 1989, por cerca de 200 francos, comia-se um *Pavé de veau aux langoustines a Hemingway* e no começo da década de vinte do século XXI, o *Filet de bouef "Hemingway"* é que se considera o grande prato da casa. E se o visitante bisbilhotar o ambiente, há de ver o retrato dele, emoldurado, num canto do bar, junto à caixa, quase escondido, mas terminará por concluir que todas essas homenagens são quase nada diante do que Hemingway fez pela Closerie em textos que deram ao café divulgação internacional. E é gostoso sentir que La Closerie des Lilas, apesar de usar isso como *marketing*, é uma casa envolta na lembrança de toda aquela gente que esteve lá, pouco importando os lugares que ocupavam. Se você preza aquela gente que era jovem nos tais anos dez e vinte, por não mais servirem absinto, há de pedir uma dose de

Saint-James, ouro, aquele rum da Martinica que tanto deliciava Hemingway, ou mesmo um Dry Martini, e brindar a todos eles e brindar a você também por estar ali, misturado às lembranças. Vale dizer que, mesmo que você nada tenha a ver com essas lembranças, La Closerie des Lilas é um dos mais deliciosos e belos cafés de Paris, bem ali, no finalzinho da Rue Notre-Dame-des-Champs e do Boul'Mich, beirando Montparnasse.

Sem compromisso com o jornal, nessa nova etapa de vida parisiense, o garoto tratou de intensificar o rigor consigo mesmo na disciplina de trabalho. Decidido a viver de literatura, precisava começar a ganhar dinheiro com literatura. Tinha certeza de que seus contos seriam publicados e os enviava às grandes revistas. Passavam-se alguns dias e todos voltavam, recusados. Sabia que precisava escrever um romance, mas preferiu continuar escrevendo contos. Para chegar ao romance, acreditava, devia se exercitar mais. Como treinamento, se impôs escrever histórias mais longas, até que dominasse inteiramente uma trama ficcional. Quando se sentisse pronto, começaria um romance, sabendo que aquela seria "a única tarefa a executar"; sem nada que o desviasse da ação. Mesmo escrevendo apenas contos e poemas, uma escrita mais leve, não se deixava levar pelas centenas de atrações que a cidade oferecia e continuava trabalhando pesado. Deixava sua atenção toda voltada para o próprio trabalho. Não se envolveu com a cultura francesa; nem mesmo com artistas franceses. Seu universo urbano era o dos estrangeiros que viviam em Paris; americanos, sobretudo. Do mundo parisiense, apenas as ruas, os jardins, os cais, os cafés, os garçons, o hipódromo, corridas de bicicleta no Vélodrome, lutas de boxe nos bairros populares e o Cirque d'Hiver. O Metrô jamais entrará em qualquer livro. Nem mesmo em suas recordações. Apesar de tão marcante no dia a dia da cidade, o Metrô passou em branco pela memória do garoto, como os pontos turísticos, os teatros e os cinemas.

Certo dia, Ezra Pound, em seu estúdio, o apresentou a Ford Madox Hueffer, romancista inglês que, desde o final da guerra, passara a assinar Ford Madox Ford. Amigo e parceiro de Joseph Conrad, Ford era o autor de *O Bom Soldado*, romance lançado em 1915. Aos cinquenta e um anos, tinha vindo morar em Paris pretendendo editar uma revista literária de língua inglesa. Por muito tempo, em Paris, editaram-se revistas literárias em inglês. Nelas, autores ainda desconhecidos publicavam seus primeiros trabalhos, fossem contos, poemas ou capítulos de romances inéditos. A revista de Ford chamou-se *the transatlantic review* (assim, com minúsculas). Ezra então sugeriu que Hemingway fosse o encarregado da seleção editorial. Ford aceitou a indicação e Hem aceitou o trabalho. Mesmo não tendo salário, se dispôs a dar meio expediente à revista. Essa indicação de Ezra e o trabalho desenvolvido por Hem foram os primeiros passos mais importantes para o lançamento de Ernest Hemingway como escritor.

O escritório da *transatlantic* ficava em cima de um jirau nos fundos da editora Three Mountains Press, de Bill Bird, no número 29 do Quai d'Anjou, na Île St-Louis, aquela pequenina ilha que tem o nome em homenagem a São Luís, Rei de França. Estar nessa ilha deixa a poética e fantasiosa sensação de que não se está em Paris, de que se é um ilhéu e de que se está afastado, muito afastado, do intenso turbilhão parisiense. Andando por suas ruas, ainda é possível encontrar muito do velho Paris, embora não tanto quanto no Marais. Os cais, conforme o dia, a hora, e conforme também você esteja, podem provocar delírios de amor ou de paz que dificilmente se esquecem. São os únicos lugares da cidade de onde se pode contemplar a *rive gauche* ou a *rive droite* com a sensação de que não se está dentro de Paris. Sem monumentos de atração turística, infelizmente (ou felizmente?) poucos viajantes se aventuram ilha adentro. Perdem.

O trabalho na *transatlantic* foi a única atividade que Hem exerceu em Paris fora do seu trabalho pessoal na escrita. A única a roubar-lhe parte do dia desde que havia deixado o jornalismo. Todas as tardes, chegava ao escritório, apanhava um maço de contos de vários autores e descia para a beira do cais onde ficava lendo as histórias. (Mais bucólico do que isso é impossível.) Ali, selecionava textos alheios enquanto seus próprios contos eram rejeitados por outras revistas. No número de abril, a *transatlantic* publicou as primeiras críticas aos seus livros *Três Contos e Dez Poemas* e *em nosso tempo*. Apareceram também um conto inédito de Ernest Hemingway e alguns trechos do inédito, mas já reverenciado, *Finnegans Wake*, de James Joyce. Esses trabalhos apareceram sem títulos próprios, reunidos numa seção chamada *Works in Progress*. O conto de Hemingway era *Acampamento de Índios*, a primeira história de um dos personagens mais importantes do universo do autor: Nicholas Adams, ou, na intimidade, Nick Adams, aquele rapaz do romance abandonado ou talvez levado naquela mala roubada na Gare de Lyon. Era a primeira de uma série de histórias vividas por Nick nas florestas do Michigan, pelas pequenas cidades e povoados onde Ernie vivera situações que agora o levavam a escrever contos tendo esse universo e sua gente como ambiente e personagens. Nesses contos, a memória de Hemingway já se revela extraordinária na riqueza de detalhes recriados. Com a morte de Joseph Conrad, ele escreveu um artigo para a *transatlantic* dizendo que trituraria T. S. Elliot transformando-o num "pó fino" que espalharia sobre o túmulo de Conrad se soubesse que isso traria Conrad de volta.

Do ponto de vista editorial, seu trabalho mais importante para a *transatlantic* foi a publicação de *A Formação dos Americanos*, um antigo e ainda inédito livro de Gertrude Stein. Para isso, Hemingway teve de convencer Miss Stein a permitir e Ford a publicar. Depois de tudo acertado, o próprio Hem teve o trabalho de copiar o manuscrito, juntamente com a escritora, uma tarefa paciente durante a qual Hemingway mergulhou profundamente no universo da linguagem e da forma literária de Gertrude. Se já não estivesse seguro de si mesmo quanto à literatura que buscava, certamente estaria perdido afundando tanto assim na obra de Miss Stein. Mais tarde, ele não negará que aprendeu com ela os maravilhosos "ritmos da prosa".

Às quintas-feiras, Ford realizava chás literários agrupando amigos e colaboradores da revista no escritório da Île St-Louis. Numa dessas tardes, Hem conheceu Harold Loeb, um americano descendente dos Guggenheim, de quem se tornou amigo. E foi nessa época também que, através de George Antheil, o compositor que morava num dos andares acima da Shakespeare and Company, Hem conseguiu que seu conto *O Invencível* fosse publicado na revista alemã *Der Querschnitt*. Mas tudo que mandava para as grandes revistas americanas continuava sendo rejeitado. Ao terminar o ano de 24, Ezra Pound deixou Paris em troca da Itália e a *transatlantic* entrou em fase de extinção, assim como as relações de Hemingway com Ford Madox Ford, que nunca mais seriam refeitas. Hem começava a romper com todos os amigos que o incomodassem ou o traíssem. Desses, quase todos passaram a falar mal dele, dando margem para alguns futuros biógrafos dedicarem especial atenção às suas afirmações.

O ano novo será o quarto ano de Hem em Paris, quando já é íntimo da cidade, sobretudo da *rive gauche* e, especialmente, de Montparnasse, o bairro mais agitado e feérico para os estrangeiros de Paris.

Por quase toda a década, a mulher mais badalada no circuito dos cafés de Montparnasse foi Alice Prin. Nascida na Borgonha, Alice apareceu no café La Rotonde pela primeira vez aos dezesseis anos e, por sua beleza, foi chegar e chamar a atenção de todos. Em pouco tempo, tornou-se o modelo mais requisitado por pintores e fotógrafos, fazendo-se conhecida como Kiki de Montparnasse. Entre seus retratistas, estão Moïse Kisling, Modigliani, Foujita, Picasso, Pascin e o fotógrafo Man Ray, com quem teve um caso de amor. Artista plástico, além de fotógrafo, Man Ray, amigo de Marcel Duchamp, tinha estúdio na Rue Delambre, uma ruazinha que começa na atual Place Pablo Picasso, atrás do Dôme. Man Ray foi um dos poucos americanos que viveram em Paris cercados por europeus. Em 1925, participou da exposição dos surrealistas ao lado de Picasso, Joan Miró, Paul Klee e Hans Arp. Suas fotos são imprescindíveis para qualquer estudo sobre a face e as figuras de Paris naquela década. Fez uma bela foto de Hem, aos vinte e três anos, em manga de camisa, gravata e chapeuzinho de feltro.

Depois da partida do amigo Ezra Pound, Hem abriu o coração para algumas novas amizades. Gerald Murphy e Scott Fitzgerald foram duas delas. De Gerald, parece que jamais gostou realmente, mas admirava sua mulher, Sara. Com Scott, a amizade foi duradoura.

Bem antes de se conhecerem, Scott havia lido os contos de Hemingway na *transatlantic review*. Gostara muito e indicara o autor a Max Perkins, da editora Scribner's, uma das mais importantes da América e que editava os seus livros. Ele e Hem se conheceram em maio de 25, no Dingo Bar, na Rue Delambre, Montparnasse, e se tornaram amigos. (Sem explicação convincente, jamais visitei o Dingo American Bar, tão vivo no século XXI, no mesmo recanto da Delambre.) Naquele primeiro encontro, Hem ouviu elogios de Scott; ouviu chateado, pois sempre achou que "elogios na cara são ruína certa". E em certo momento a situação tornou-se estranha quando, súbito, a pele do rosto de Scott "pareceu esticar-se" e "segundos depois ele parecia a própria máscara da morte". Assustado, Hem quis levá-lo a um hospital pois seu rosto se tornara uma "verdadeira máscara mortuária", como escreverá Hemingway anos depois. As outras pessoas preferiram levá-lo para casa. Num segundo encontro, Scott desculpou-se pelo que acontecera como se tivesse sido algo muito simples e Hem jamais soube o que provocara aquela transfiguração.

Amizade feita, Hem esteve algumas vezes no apartamento em que Scott morava com com Zelda, sua mulher, na Rue de Tilsitt, uma daquelas ruas que compõem o anel em torno do Arco do Triunfo. Jantou lá algumas noites. Achava o apartamento sombrio, abafado. Como Hem era um viciado caminhador, Scott o acompanhava, às vezes. Também às vezes, Scott o visitava chegando de surpresa em horas nem sempre desejáveis. Mais de trinta anos depois, em seu livro de memórias, Hemingway recordará Scott Fitzgerald como "um homem de aspecto juvenil, com um rosto entre simpático e bonito". Detalhando o retrato do amigo, dirá que "seus cabelos eram claros e ondulados, a testa era alta, erguendo-se acima de olhos matreiros e cordiais e de uma boca de lábios tão delicados e longos como os de um irlandês; se fossem de moça seriam os lábios da própria beleza". Como se vê, pelo menos para Hemingway, os lábios de um homem jamais poderiam ser os "da própria beleza".

Aproximando-se o verão de 25, Hem sentiu que já estava pronto para escrever um romance, embora ainda não tivesse o tema, nem o fio da ação. Relacionado com muitas pessoas, andava envolvido com um grupo formado por americanos e uma inglesa chamada Duff Twisden, toda uma gente que decidiu ir à Espanha em julho para a *fiesta* de San Fermin, quando acontecem as primeiras touradas do verão. E foi durante as seis semanas dessa viagem que Hem encontrou a trama que precisava e escreveu a primeira versão daquele que seria seu primeiro grande livro: *O Sol Também se Levanta* (título aproveitado do início do *Eclesiastes*: "Uma geração vai, uma geração vem, e a terra sempre permancece. O Sol se levanta, o sol se deita, apressando-se a voltar ao seu lugar e é lá que ele se levanta."). O enredo era a história de um grupo de estrangeiros que vivia em Paris e estava em Pamplona, durante a *fiesta*. Nessa primeira versão, toda a trama se passava na Espanha e Paris era apenas uma referência de passado.

Terminadas as férias, de volta à casa, Hem dedicou-se inteiramente ao livro. Foi então que escreveu a primeira parte da história, situada em Paris, quando os personagens são apresentados ao leitor. Era Ernest Hemingway, aos vinte e seis anos de idade, trabalhando já com três componentes que o acompanhariam vida afora: Paris, Espanha e personagens americanos. E tinha pressa em terminar. Afinal, com apenas dois livros lançados em pequenas tiragens de edições artesanais, ainda nada vendia e sequer tinha uma editora. No entanto, boas coisas estavam sendo tramadas sem que ele desconfiasse.

Em Nova York, Maxwell Perkins, o editor-chefe da Scribner's, então com trinta e nove anos de idade, interessou-se pela indicação de Ernest Hemingway feita por Scott Fitzgerald ao mesmo tempo em que Sherwood Anderson conseguia que a editora que publicava seus livros, Boni & Liveright, propusesse um contrato ao novo escritor. Max

Perkins escreveu uma carta a Hemingway propondo lançá-lo, mas a proposta de Liveright chegou primeiro, oferecendo-lhe um adiantamento de duzentos dólares e um contrato para publicação de três livros. Uma das cláusulas de Liveright afirmava que se algum dos dois primeiros livros não fosse aceito pela editora, o contrato poderia ser desfeito pelo autor. Hem fechou imediatamente o contrato com Liveright. Só depois de tudo acertado, recebeu o convite de Max Perkins para a Scribner's. Perdera assim a oportunidade de ser lançado por uma grande editora. Havia, porém, aquela cláusula que lhe permitia a quebra de contrato. Se isto acontecesse, Scribner's estaria aberta para ele.

Para seu primeiro livro a ser publicado na América, Hemingway reuniu as miniaturas já publicadas e alguns contos inéditos em livro: *Acampamento de Índios, O Médico e a Mulher do Médico, Fim de Algo, Férias de Inverno, O Lutador, O Lar do Soldado* e três contos novos: *Senhor e Senhora Smith, Três Dias de Ventania* e *Gato na Chuva*, além de um dos seus mais belos contos: *O Grande e Generoso Rio*. Estes contos marcariam o lançamento definitivo de Nick Adams, aquele garoto do meio-oeste, filho de um médico, pescador de trutas, que participa da Grande Guerra, é ferido na Itália e internado num hospital onde se apaixona por uma enfermeira, com quem pretende se casar, mas, de volta à América, recebe uma carta em que ela lhe diz que estava tudo acabado, que o romance havia sido coisa passageira e que ela ia se casar com outro, por quem se apaixonara. A semelhança da vida do autor com a do personagem era naturalmente proposital. Como título, Hemingway deixou *Em Nosso Tempo*, agora com maiúsculas.

Em Nosso Tempo, tendo na orelha um comentário elogioso escrito por Sherwood Anderson, foi lançado com tiragem de 1335 exemplares e custando dois dólares nas livrarias. Mas a obra nada significou perante o público, que não tomou conhecimento, embora tenham saído críticas de Allen Tate, Ernest Walsh, Louis Kronnenberg e Paul Rosenfeld. Este comparou os contos à pintura cubista, com influência de Sherwood Anderson e Gertrude Stein. Scott Fitzgerald escreveu também elogios na revista literária *The Bookman*. Ernest Hemingway estava pois lançado na literatura americana como uma revelação que certamente iria se fixar. Mas o garoto, é claro, não gostou de terem apontado em seu trabalho influências de Stein e Anderson, detalhe que ficou reforçado pelos elogios de Anderson na própria orelha do livro. Teve que engolir. Afinal era o seu início na América, onde passara a ter uma editora. E outra, mais importante, esperando por ele.

Eis, porém, que, nesse mesmo ano, Sherwood Anderson lançou um novo livro, chamado *Dark Laughter*, que foi considerado muito ruim e que Hem detestou. Rápido e matreiro, o garoto apegou-se a esse estompim para desfazer qualquer possibilidade de associação do que ele estava escrevendo com o estilo de Anderson. Embora achasse que Anderson tinha alguns contos bons, "escritos de modo simples e às vezes com elegância de estilo" (como ele achava), aproveitou-se desse último romance para escrever uma paródia ridicularizando e satirizando seu estilo. Talvez servisse para que Horace Liveright se recusasse a publicá-la, uma vez que Anderson era um dos *best-sellers* da editora. Não pensou duas vezes. Em novembro, deixou de lado *O Sol Também se Levanta* e escreveu a tal paródia, tão longa quanto um romance, a que deu um título colhido em Turguêniev: *Torrentes de Primavera*. Devia estar obcecado pelo objetivo a alcançar pois, apesar de se ter comprometido consigo mesmo de que quando começasse um romance nada o desviaria, largou o que estava escrevendo e entregou-se por inteiro às tais *Torrentes*. Todo feliz com o resultado, e por tê-lo escrito em sete dias, leu o livro para John dos Passos e para Hadley. Queria ter uma ideia, não quanto ao valor literário, mas quanto ao alcance do seu objetivo. Hadley gostava de Anderson e não concordou com aquilo; John dos Passos disse que um escritor não precisa fazer isso com outro escritor. Os dois tentaram evitar que o publicasse. Somente uma certa Pauline Pfeiffer, mocinha que Hem conhecera recentemente, adorou a brincadeira e o incentivou a publicá-la. No começo de dezembro, Hem enviou o manuscrito para Nova York e partiu com Hadley e Bumby para o bem aquecido Hotel Taube, em Schruns (Áustria), onde já haviam passado invernos anteriores.

Schruns fica no alto das montanhas do Voralberg. Para chegar lá, os Hemingway atravessavam a Suíça de trem até Feldkirch, na fronteira da Áustria; daí, cruzavam o Lichtenstein até Blundez, onde tomavam um ramal para Schruns. O Hotel Taube até hoje guarda lembranças de Ernest Hemingway, como atração turística.

Foi nesse inverno, enquanto articulava seu futuro comercial, que Hem leu *Os Buddenbrook*, de Thomas Mann, e ficou fascinado por este romance escrito a partir de personagens reais da cidade natal do autor, Lubeck, na Alemanha, e que, por isso, causara problemas a Thomas Mann em sua própria terra. Além de ler, Hem passava o tempo esquiando, jogando poker, bebendo cerveja, escrevendo cartas e ouvindo Hadley ao piano. De noite, ficava sem dormir, ansioso com a espera de respostas às cartas que mandava. A Scott Fitzgerald, escreveu que achou "formidável" saber que Áustria (Osterreich) quer dizer Reino do Leste. Noutra carta ao amigo, dá sua visão do Paraíso como sendo uma terra com um riacho de trutas no qual somente ele tinha direito de pescar, tendo duas casas, uma para ele, sua mulher e seus filhos, e outra para suas oito amantes, cada uma estabelecida em um dos oito andares. Foi também então que percebeu que estava apaixonado por aquela Pauline Pfeiffer que, há algum tempo, não lhe largava o pé. Fazendo-se amiga de Hadley e dizendo adorar Bumby, Pauline foi passar o Natal com os Hemingway, no Taube, sem que Hadley de nada desconfiasse.

A 31 de dezembro, afinal chegou carta da editora Liveright recusando *Torrentes de Primavera*. Era exatamente o que o garoto queria. A recusa significava liberdade para romper o contrato. Hem escreveu imediatamente a Scott pedindo opiniões. Cancelou o contrato com Liveright e escreveu a Max Perkins dizendo-se livre. Assim, Ernest Hemingway começou o ano de 1926, um ano que lhe será intenso, sofrido, mas de sucesso profissional.

Tendo necessidade de acertar tudo pessoalmente com a nova editora, deixou Hadley e Bumby no Taube e partiu para Nova York.

Fazendo escala em Paris, hospedou-se no Hotel Venetia, no Boulevard du Montparnasse (por que não foi para sua casa, na Notre-Dame-des--Champs?), e encontrou-se com Pauline Pfeiffer, que tinha um apartamento na Rue Picot, travessa da Avenue Foch, no elegante *16e arrondissement*. O caso entre os dois já era consciente e assumido. Como disfarce, entre eles, Pauline usava o codinome Pilar. Estiveram juntos todos os dias, passeando pela cidade, até que Hem partiu para Nova York, onde fechou contrato com a editora Scribner's.

De volta da América, louco de paixão, simplesmente deixou sua mulher esperando nas montanhas e ficou mais uns dias em Paris, com Pauline, apesar do trauma culposo por estar traindo Hadley. Na verdade, sentia-se amando as duas mulheres. Por fim, conseguiu partir e, outra vez em Schruns, entregou-se ao esforço de elaboração de *O Sol Também se Levanta*, quando mudou toda a narrativa da terceira para a primeira pessoa, um trabalho que será lembrado como a "mais árdua tarefa literária de minha vida" porque foi um trabalho em que, como ele mesmo dirá, transformou em romance o que era apenas um esboço começado na Espanha e concluído em Paris. Terminado o inverno, retornou a Paris com o coração dividido entre as duas amadas. Nessa divisão estava a base de algo que iria mexer outra vez no seu prumo de vida. Era também sua adesão definitiva a Paris enquanto mito de cidade do amor e da infidelidade amorosa.

O escritor e a cidade

(Do álbum de recortes de Benjamim Santos)

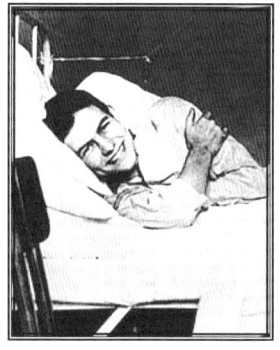

Três anos de iniciação no mundo adulto explodem como reflexo do que terá pela vida inteira: repórter, penetração numa guerra distante, ferimento, hospital, delírio do primeiro amor, recebido como herói, rejeitado pela amada, depressão, um novo amor, casamento, decisão de tornar-se escritor e a busca do lugar certo para a conquista... Paris.

O ano que marcou a época

Coco Chanel

Marcel Proust

O Garoto

Anatole France

Que ano de grandes lançamentos em Paris, aquele 1921! Chanel Nº5, uma fragrância que perfumará o século; *O Garoto*, primeiro longa-metragem de Chaplin; *Sodoma e Gomorra*, livro de Marcel Proust continuando *Em busca do tempo perdido*... e o Nobel de Literatura para Anatole France.

Família, trabalho, etc.

Com Hadley e o filho John nos primeiros tempos de Paris. Começo num apartamentinho da Cardinal Lemoine, depois na Notre-Dame-des-Champs. Pobre, como jamais voltará a ser, conhece a felicidade. Longe do burburinho dos "anos loucos", escondidinho, trabalha pesado em busca de uma linguagem própria até encontrar a escrita marcante, inovadora, inédita, que será para sempre o estilo Hemingway. Nesses anos de Paris nasce o escritor Ernest Hemingway.

Acolhimento para todos

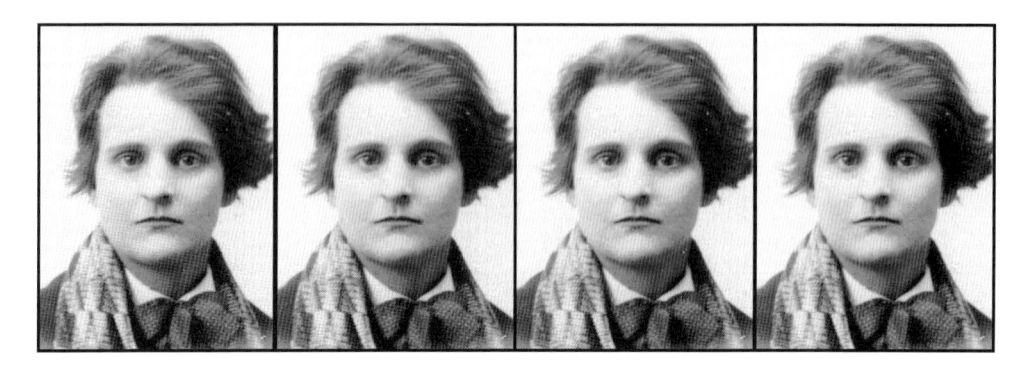

Gertrude Stein, de Picasso   James Joyce

Shakespeare and Co., livraria onde Sylvia paira como uma divindade entre escritores de língua inglesa: acolhe, orienta, encaminha. Lugar básico da iniciação. De lá, Hem lê os russos do século 19 e os escritores mais comentados na época. Conhece Joyce e Pound. Sylvia Beach, "a das lindas pernas" é amizade para toda a vida.

Tempo de arte nos anos *loucos*

Ele, Man Ray, artista que brilha no Surrealismo fazendo fotografia de arte já em tempos de *Art déco*. Ela, Kiki de Montparnasse, beleza desejada por todos para modelo. Man Ray e Kiki: amantes. Quando essa Rainha de *Montparnasse* publica um livro de memórias, é louvada no prefácio escrito por Hemingway.

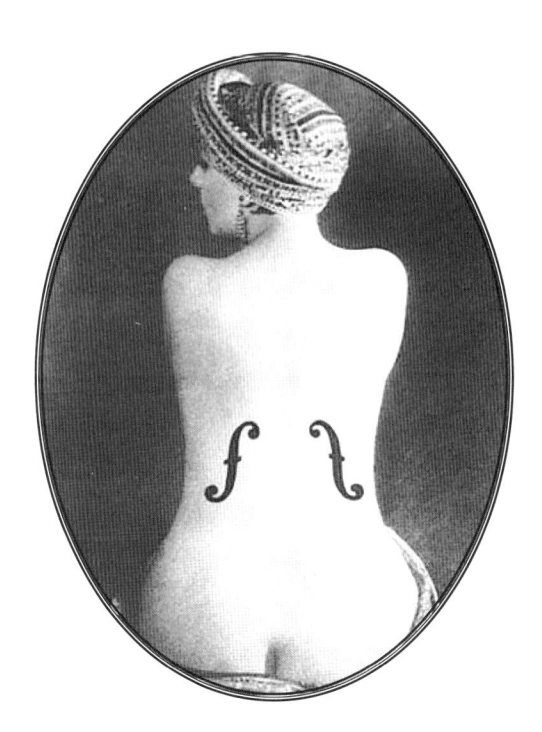

Depois de Paris, amigos para sempre

Na juventude, grandes amizades no universo literário e vários rompimentos. Depois dos trinta anos, isto é, depois de Paris, os novos amigos serão sobretudo atores do cinema e toureiros de Espanha. Com Marlene Dietrich, fala horas pelo telefone. Com Gary Cooper divide belos dias de caçadas magistrais e sempre que pode, visita Ingrid Bergman na Itália.

Libertação da cidade amada

A caminho de Paris, na ânsia de expulsar os alemães, o repórter de guerra mais parece um soldado em ação. É o homem imitando seus personagens, ou ao contrário? Por causa disso, quase teve de enfrentar Corte Marcial mas a verdade é que o homem e seus personagens estão sempre muito próximos de Ernest Hemingway.
Às vezes se confundem.

Charles de Gaulle e quase todo o povo de Paris celebram a Libertação da cidade. Não conheço foto de Hemingway nessa caminhada mas deve ter ido, se não preferiu ficar na suíte do Ritz, onde estava hospedado desde o dia anterior, o 25 de agosto de 44.

E muito além do final

Casado mais um vez, reconquista o sucesso com *O velho e o mar*. Passa várias vezes por Paris a caminho de outros destinos e volta a morar em seu país, marcado por depressões até dar fim à grande aventura de viver. Desde então, por sessenta anos, é reverenciado por muitos e continua notícia como antes.

Sob o signo de Paris

Voltávamos a Paris para nos instalarmos em endereços separados.

– *Um canário para ela*, conto

Torrentes de Primavera foi lançado pela Scribner's no final de maio, pouco depois de ter aparecido outra caricatura também debochando do estilo de Sherwood Anderson, escrita por William Faulkner, um outro protegido Anderson. E não é difícil imaginar o que tenha sofrido Anderson. Mas silenciou. Hemingway escreveu-lhe tentando explicar que não houvera maldade; não recebeu resposta. O livro serviu ainda para alicerçar o rompimento de sua amizade com Gertrude Stein, de quem Anderson era amigo. Não fora o próprio Anderson que encaminhara o jovem Ernie ao salão de Miss Stein? Aliás, às vésperas do lançamento da paródia, Hemingway havia escrito uma outra, em torno do estilo de Gertrude, chamada *Retrato de uma Dama*. Teve, porém, o senso de deixá-la inédita. (Um extrato dessa paródia foi incluído no livro póstumo *88 Poems*.) O lançamento de *Torrentes de Primavera*, deixou claro que o objetivo de Hemingway ao escrever a paródia não era simplesmente forçar Liveright a romper o contrato deixando-o livre para a Scribner's. Se fosse apenas isto, não precisava lançar o livro pela nova editora pois *O Sol Também se Levanta* já estava quase pronto e, com esta obra, o autor seria muito mais bem lançado. Insistindo na publicação da paródia (ou aceitando a opinião de Max Perkins, se tiver sido este o caso), percebe-se que a intenção de Hemingway era sobretudo apagar a ideia de quaisquer laços de influência de Sherwood Anderson sobre o seu trabalho. Mas *Torrentes de Primavera* vendeu pouco e permanece algo anômalo no seio da obra completa do escritor. Continua, porém, sendo publicado nos Estados Unidos e um leitor de hoje que conheça algumas das demais obras do autor e tome *Torrentes de Primavera* para ler, movido apenas pelo nome de Ernest Hemingway, certamente há de estranhar linguagem, estilo e tema.

Em meio a esses acontecimentos, algo estalou num sexto sentido de Hadley e ela percebeu que seu marido estava apaixonado por Pauline Pfeiffer quando, na verdade, já estava perdidamente apaixonado. Pauline, também americana, quatro anos mais velha que ele, filha de família católica e rica, vivia em Paris trabalhando para a edição parisiense da *Vogue*. Fazia aquele tipo de gracinha que, nos anos vinte, usava o cabelo curtinho, *à garçonne*.

Como Ernie não negou o romance, Hadley exigiu que ele passasse cem dias afastado dela e de Pauline. Findo esse prazo, se continuasse apaixonado, teria o divórcio. Foram os cem dias mais angustiados da vida parisiense de Ernest Hemingway. Ficar só, para ele, sempre fora um sofrimento, ainda mais que agora não havia o velho chalé do Michigan, nem o lago, nem a floresta, que sempre o haviam curado. Ainda por cima, era outono-inverno, quando Paris perde o verde das folhas, as ruas ficam desertas, as noites mais longas. Paris era um ermo. Pensou em suicídio, caso a situação demorasse demais a ser resolvida. Certo dia, escreveu em seu caderno de notas: "Quando me sinto deprimido, gosto de pensar na morte e nos vários modos de morrer". E registrou que um dos mais seguros modos de matar-se é saltar de um transatlântico durante a noite pois não haverá hipótese de dar errado.

Para evitar a quebra do compromisso dos cem dias, Pauline partiu para a América. Ernest e Hadley ficaram em casas separadas. Imerso em solidão (dizem que Paris é um terror para quem sente solidão), desesperado, rezava todas as noites. Por fim, vencido o prazo, veio a separação definitiva, em agosto de 26, quando ele e Hadley voltavam do verão na Espanha e de uma temporada na Riviera. Hemingway recriou essa viagem de volta no conto *Um Canário Para Ela*. Neste conto, um jovem casal americano viaja dividindo a cabine com uma velhota que leva um canário numa gaiola para a filha. A mulher fala sem parar. O casal escuta, silencioso. Quando saltam na Gare de Lyon, o narrador, que é o marido, encerra a história dizendo que os dois estavam retornando a Paris, mas para viver separados. Assim acabou-se a convivência com Hadley, depois de cinco anos de casamento.

No início, ela hospedou-se no Hôtel Beauvoir, defronte da Closerie des Lilas. Depois, alugou apartamento no 35 da Rue de Fleurus, pertinho de Gertrude Stein. Hem ficou na Notre-Dame-des-Champs até se transferir para um estúdio que lhe foi oferecido por Gerald Murphy, no 69 da Rue Froidevaux, uma das ruas que partem da Place Denfert-Rochereau, aquela praça com uma grande escultura, poderoso Leão de Belfort, ladeando o cemitério de Montparnasse. Pela primeira vez, Hem estava dentro mesmo de Montparnasse. Jamais estivera tão longe do Jardin du Luxembourg e dos cais do Sena. O estúdio era frio, úmido, sem aquecimento, mas Hem estava bem de saúde, embora fizesse apenas uma refeição por dia.

Hadley impôs que tudo fosse resolvido por escrito, pelo correio, para que não houvesse discussão, evitando-se que Bumby presenciasse alguma situação desagradável. Houve troca de cartas para todas as decisões; cartas incisivas de Hadley impondo exigências e, muito delicadas, de Hem, como que se desculpando, não querendo ferir aquela que já havia ferido. Sofrendo, alugou uma carroça para o transporte dos móveis e objetos de Hadley da Notre-Dame-des-Champs até à Rue Fleurus. Teve de separar-se, inclusive, da tela de Miró, *A Fazenda*, que tanto amava e que havia comprado para presentear a esposa há tão pouco tempo, quando conhecera Joan Miró.

Se Hadley ia a Chartres, em clima de meditação, Hem ficava com Bumby. (Um dia, Bill Bird, aquele editor que lançara *em nosso tempo*, perguntou por que ele estava se divorciando. Hem respondeu "porque eu sou um filho da puta".) Finalmente Hadley autorizou o divórcio como que selando o fim da fase mais agradável de Hem em Paris, quando era muito jovem, muito pobre e cheio de felicidade, como ele mesmo dirá. E o ainda meio desconhecido escritor dedicou *O Sol Também se Levanta* à ex-mulher e ao filho, concedendo a ela os direitos autorais na América e na Inglaterra, que Hadley receberá a partir da vendagem alcançar os três mil exemplares. Em carta, declarou-lhe que jamais teria escrito tudo o que escrevera se não tivesse se casado com ela e que ela realmente tinha "direito a isso". (Hadley morreu aos oitenta e oito anos, em 1979.)

Em outubro, quando Scribner's lançou *O Sol Também se Levanta*, alguns detalhes já haviam mudado na vida e na aparência do autor. Deixara crescer o bigode; o olhar se tornara mais denso e grave, pouco lembrando o jovem Hem que chegara a Paris havia cinco anos. Mas ainda estava longe de se parecer com Ernest Hemingway, aquele que o mundo irá conhecer e muita gente imitar. Ao livro de contos que estava preparando durante o tumulto da separação, chamou *Homens Sem Mulheres*. São histórias em que realmente não há lugar para mulheres na vida de boxeadores, assassinos e outros invencíveis. Histórias de personagens secos, duros, exatos, perdedores, todos falando numa linguagem muito próxima do linguajar comum. Os contos inéditos são *Estória Banal*, *Corrida de Alcance*, *Dez Índios* e *Agora Vou Dormir*. É o estilo de Hemingway definitivamente desenvolvido, estilo que será trauma para todos os escritores americanos da geração seguinte que entrarão em luta para se livrar dele. Quantos conseguiriam? (E no Brasil?) Depois desses primeiros livros de Hemingway, criados em Paris, a literatura americana toma outro rumo, paralelo ao de William Faulkner, mas muito distinto. As obras desses dois escritores serão as duas tendências mais marcantes do século na literatura dos Estados Unidos.

A primeira parte de *O Sol Também se Levanta*, um terço do livro, é um flagrante da vida parisiense nos anos vinte. Mas não da vida dos nativos, os filhos da terra. Destes, emerge apenas a *poule* Georgette, uma francesinha que não permanece mais de oito páginas em cena. Hemingway, porém, não estava esquecido da sua Montagne Ste-Geneviève e incluiu aquele *bal musette*, aonde "cinco noites por semana, a classe operária do bairro do Panthéon ia dançar". É Paris quase que sem os parisienses, mas com a vida bizarra de uma parcela dos estrangeiros que estavam ali depois da guerra aproveitando a boa cotação do dólar. São boêmios americanos ricos, escritores pobres, jornalistas trabalhando para os seus jornais da América e também ingleses, belgas, gregos, toda uma gente que vivia de um modo estranho aos costumes da cidade e que praticamente ignorava a cultura francesa. Uma gente sem sentido de vida, sem rumo definido, a torturar-se mutuamente o tempo todo. Eram os salvos da guerra vivendo numa cidade que ainda se recuperava. Uma gente que Gertrude Stein havia chamado de *geração perdida*, expressão que irá se perpetuar e terminar por definir os escritores da época, todos aqueles que haviam vivido a Grande Guerra e buscavam se situar numa Europa em fase de restauração. Esse universo parisiense é resumido no livro em duas frases de Georgette, aquela francesinha que Jake Barnes encontra no terraço do Café Napolitain: "Todo mundo está doente. Eu também estou."

Durante essa primeira parte, Paris é o personagem principal. A cidade pulsa em cada página, seja dia claro, noite ou madrugada; uma cidade que só então entrava no século vinte. Há táxis com vidro isolando o banco traseiro, mas ainda há fiacres. A luz interior das casas é a dos bicos de gás. Guardas noturnos percorrem os *quartiers* de bicicleta. Há ônibus de dois andares como há bondes e trens correndo pelos trilhos dos bondes.

Com certeza, as caminhadas de Hem da Rue Notre-Dame-des--Champs até o escritório da *transatlantic review* geraram aquela andança noturna de Jake Barnes e Bill Gorton, da Île St-Louis aos cafés de Montparnasse, depois de terem jantado num restaurante frequentado por americanos na ponta da ilha. Claro que um turista não vai fazer uma caminhada dessas, mas se você, muito bem acompanhado, andar aqueles dois ou três quilômetros, numa dessas noites silenciosas que Paris lhe oferece, verá uns pedaços da cidade sob um certo clima que nunca imaginaria. E talvez concorde com Françoise Sagan ao afirmar que "à noite, Paris não se defende mais".

Se Hem andava tanto a pé quanto seu personagem Jake, certamente andava muito pelas ruas daquela cidade que, para os americanos, era o coração do mundo, marcada por lugares sedutores e atraentes como Montmartre, Quartier Latin e Montparnasse. Os principais cafés de Montparnasse eram os mesmos de hoje: Le Select, que é ótimo para um começo de noite de sábado, num banquinho do bar, quando começam a chegar os fregueses de sempre (o *barman*, que conhece todo mundo, infelizmente não conhece você); La Rotonde, para ficar em mesa de calçada dando para a estátua de Balzac, de Rodin; Le Dôme, para frutos do mar, aquele *plateau* de ostras pousadas num mundo de gelo, e La Coupole, para se debruçar sobre a tarde esperando que anoiteça. Existem muitos outros; nenhum, porém com a fama desses quatro. E Hemingway teve parte na criação dessa fama. Hoje, são pontos turísticos como o Flore, a Lipp, Les Deux Magots, mas foi *O Sol Também se Levanta* que, por primeiro, revelou Montparnasse ao mundo e quem frequentava aqueles cafés naqueles anos, quando, como disse Hemingway, fosse qual fosse o café de Montparnasse que alguém indicasse a um chofer da *rive droite*, ele sempre levava à Rotonde. Os bares e restaurantes dos grandes hotéis (do Ritz ou do Crillon) eram, como ainda hoje, só para os que tivessem muito dinheiro.

Paris, que odeia maneiras estranhas de viver, odiava aqueles estrangeiros, sobretudo os americanos, que se exibiam abertamente pelas ruas, pelos cafés. Entre registrados e clandestinos, havia uns trinta mil americanos em Paris na segunda metade da década. Eram, em geral, grosseiros, farristas, ridículos aos olhos dos parisienses, esta gente de comportamento silencioso, discreto e comedido (até que pisem nos seus calos), que se via obrigada a dividir sua cidade sagrada com aqueles milhares de brutamontes que falavam inglês sem parar, alheios ao que havia de melhor da civilização francesa. Por tudo isso, os americanos viviam à margem dos parisienses, tal como o grosso dos turistas ainda hoje.

Apesar de não ser grosseiro, nem brutamonte, Ernest Hemingway também não fez amizade com franceses, nem mesmo com escritores e artistas. Entre as seiscentas cartas suas, publicadas depois de sua morte, não há nenhuma destinada a um francês. E aí? Os franceses o marginalizaram, em meio a todos os outros americanos, ou Hemingway evitou, ele mesmo, qualquer aproximação? Em suas histórias com ação em Paris, os personagens serão sempre estrangeiros, salvo uma pequena periferia de garçons, pescadores, modelos, putas e donos de café, uma periferia que serve apenas de escada para os personagens principais, todos estrangeiros. No entanto, seus romances e contos passados na Itália e na Espanha são cheios de vigorosos personagens italianos e espanhóis. Por que o povo parisiense, ou francês, não lhe gerou personagens, se Paris foi a cidade que mais amou? Ele, que venerava Stendhal, Flaubert, Maupassant, Cézanne.

Com o lançamento do romance, em outubro de 26, o nome de Ernest Hemingway começou a correr a América, tornando-o um autor conhecido; o escritor do momento. A partir daí, nenhum crítico jamais voltou a falar da influência de quem quer que fosse sobre a sua escrita. Era o próprio estilo Hemingway que estava aparecendo. Dois meses depois, as vendas chegaram a sete mil exemplares, o que era excelente para o primeiro romance de um desconhecido. Em pouco tempo, o livro caiu nas graças da juventude americana, que passou a imitar o jeito, a fala, o comportamento dos personagens. Críticas dividiram-se entre elogiosas e escandalizadas com a linguagem crua e o estilo de vida dos personagens. E todo mundo passou a querer ir à Espanha, à Pamplona, para a *fiesta* e touradas e mulheres e amor livre. Em número de turistas, a *fiesta* de San Fermin jamais será a mesma: estava lançada para a América e o mundo. *O Sol Também se Levanta* mexeu com os costumes da época e influenciou várias gerações de escritores mundo afora. Os pais de Hemingway se sentiram envergonhados do filho e o rapaz, que nunca foi de falar sobre suas questões íntimas, escreveu ao doutor Clarence dizendo não haver motivo para vergonha e que se o pai não gostava do que ele escrevia era porque "nós temos gostos diferentes".

Em Paris, se não houve escândalo, houve muito diz que diz que. Logo se percebeu que os personagens do romance tinham sido criados a partir de modelos, pessoas que viviam ali mesmo e frequentavam aqueles cafés de Montmartre, St-Germain e Montparnasse. O jogo da moda foi identificá-los; descobrir quem era quem e que traços do caráter de cada um haviam sido expostos. Em 1924, um conto de Hemingway chamado *Senhor e Senhora Smith* já havia causado problemas ao autor porque expusera a relação de um casal chamado exatamente Smith. O homem protestou e Hemingway mudou o nome dos seus personagens para *Senhor e Senhora Eliot*. Em *O Sol Também se Levanta*, mesmo sem os nomes reais, os modelos eram ainda mais facilmente reconhecíveis. Afinal, estavam todos os dias no Select, no Dôme, na Rotonde e na Coupole.

Se, com o livro anterior, aquele deboche em torno do estilo de Sherwood Anderson, Ernest Hemingway perdera algumas amizades, agora ganhava inimigos. Pessoas que se viram retratadas, e não gostaram, passaram a odiar o autor, enquanto o romance crescia em venda. Com o interesse despertado, a imprensa começou a bisbilhotar a vida do escritor que, a todos, parecia muito agitada. Era o pré-começo da lenda. Intrigas, mentiras e fantasias sobre ele passaram a ser publicadas. Hemingway desprezava e odiava algumas mas acentuava e engrandecia outras, gerando parte da imagem que se perpetuará. E ele, que tivera tantos contos rejeitados, começava a ter suas histórias disputadas por revistas como *Vanity Fair* e *Harper's Bazaar*. Como que por vingança, deu de cobrar caro por tudo que escrevesse. Sempre encontrará quem pague. Embora não se torne rico de imediato, foi naqueles anos de Paris que tudo começou.

Sem o idílio dos primeiros anos

Eu jamais deixarei de amar Hadley e Bumby nem deixarei de zelar por eles. Jamais deixarei de amar Pauline Pfeiffer com quem estou casado agora.

– *Carta ao pai*

Certo dia, Pauline levou seu riquíssimo tio Gustavus Adolphus Pfeiffer ao estúdio da Rue Delambre para conhecer o homem com quem ela pretendia se casar. Tio Gus subiu ao estúdio como se estivesse em missão. Era preciso gostar de Mr. Hemingway e contar isto aos pais de Pauline para que pudesse haver casamento pois a família não via com bons olhos que a moça, de formação católica, se casasse com um protestante, que já fora casado e tinha fama de mau procedimento. O fascínio deve ter sido imediato, pois a visita durou menos de dez minutos. Tio Gus não só adorou o moço como convenceu os pais de Pauline de que, com ele, ela estaria bem casada. Daí que, em maio de 27, o rapaz casou-se pela segunda vez. Agora numa igreja católica, pois, em Paris, Hem converteu-se ao catolicismo. Casou-se em St-Honoré-d'Eylau, distante do seu *quartier*, onde dispunha das igrejas de Notre-Dame-des-Champs, St-Joseph-des-Carmes, St-Ignace e St-Sulpice.

Desde sempre, os habitantes de Paris foram marcados por um espírito que os convida à interioridade. A Île de la Cité é o centro religioso que vem da época dos celtas e seus druidas. Com a imposição romana, os lutécios viram-se obrigados a esconder sua antiga religiosidade. Nessa prática oculta encontra-se o ancestral mais remoto da face secreta dos parisienses, uma face que não aparece na imagem exportada. Há até uma lei que protege a vida privada dos franceses. Balzac, conhecedor e intérprete da alma parisiense, revelou que "quando se conhece Paris, não se acredita em nada do que aqui se diz e não se diz nada do que aqui se faz".

Na Idade Média, já poderosa, a Igreja, enquanto instituição, de perseguida tornou-se o perseguidor. Com a Inquisição, que foi criada na França, no século XIII, sofreram os ditos heréticos, relapsos e feiticeiros. Por motivos religiosos, houve intrigas, delações, condenações, tortura, execuções e massacres. Aquele que praticasse algo diferente do que mandava a Igreja via-se obrigado a ocultar sua prática e cultivar a rebeldia em segredo. Por necessidade e defesa, o parisiense reservou-se. Instalava-se o ocultismo em Paris. A busca da Pedra Filosofal, proibida pelo Papa, talvez tenha sido a atividade mais secreta de alguns parisienses, os adeptos da Ciência. Mais tarde, prosperaram dezenas de sociedades secretas. Para quem quiser procurá-los, Paris é uma cidade tão carregada de mistérios e segredos quanto de charme, beleza, fascínio. Não foi à toa que Umberto Eco situou em Paris a ação do quase hermético romance *O Pêndulo de Foucault*.

Mas a face religiosa mais explícita na cidade continua sendo a do catolicismo.

São muitos os templos católicos. Pelo menos dois estão incluídos em todos os guias turísticos: a Catedral de Notre-Dame e a Basílica do Sacré-Cœur, exatamente as duas igrejas mais visitadas de toda a França. Segundo o Conselho Nacional de Turismo, Notre-Dame recebe cerca de doze milhões de visitantes por ano; o Sacré-Cœur seis milhões. A Basílica do Sacré-Cœur desempenha também importante função na religiosidade francesa pois é o Santuário de Adoração Perpétua, o templo onde o Santíssimo Sacramento permanece exposto durante todas as horas do dia, recebendo ininterruptas visitas de católicos da cidade, do país e do resto do mundo. Depois de Notre-Dame e do Sacré-Cœur, a igreja mais frequentada é a capela da *Médaille Miraculeuse*: 140 Rue du Bac. Nono local religioso francês em número de visitantes, essa capela da Medalha Milagrosa recebe mais de um milhão de pessoas por ano. Tudo porque foi nessa capelinha que uma Irmã de Caridade, Catherine Labouré, teve a visão da Virgem Maria na noite de 27 de novembro de 1830. A Senhora, vestida de branco, pisava em uma serpente e de suas mãos abertas jorravam raios de luz. Ela disse que era a Imaculada Conceição e ensinou a Catherine uma pequenina oração: "Ô Marie conçue sans péché priez pour nous qui avons recours à vous". Foi portanto de Paris que saiu para todo o mundo cristão essa oraçãozinha que há mais de um século é rezada pelos católicos e que chegou ao Brasil traduzida em "Ó Maria, concebida sem pecado, rogai por nós que recorremos a vós". A Virgem também pediu que Catherine mandasse cunhar uma medalha com essa inscrição e disse que quem a usasse receberia grandes graças.

E como há santos canonizados em Paris! Aliás, em toda a França.

St-Denis, decapitado pelo Império Romano, foi o primeiro bispo da cidade; St-Julien-le-Pauvre, o mártir que, antes de ser chamado *le Pauvre* (o pobre) fora conhecido também por *le Confesseur* e *l'Hospitalier*, tem igreja no *5e arrondissement*, na Rue Galande. Sua história deu um dos mais belos contos da literatura francesa: *A Lenda de São Julião, o Hospitaleiro*, de Gustave Flaubert. Sainte-Geneviève é cultuada na igreja de St-Étienne-du-Mont. Santa Joana d'Arc, Padroeira da França, tem igreja na zona norte, em Porte la Chapelle, e várias estátuas espalhadas pelo labirinto da cidade.

Mas é dos séculos XVII, XVIII e XIX o maior número de santos franceses que ultrapassaram as fronteiras do país. Santos como São Vicente de Paulo e Santa Luísa de Marillac. Juntos, em Paris, fundaram a congregação das *Filles de Charité* (Irmãs de Caridade, no Brasil), religiosas de hospitais e asilos, aquelas que usavam um belo chapéu de tecido branco, engomado, com as duas pontas estendidas como asas abertas: *les cornettes blanches*. (Freiras usando aqueles chapéus, do século XVII ao século XX, só podiam ter saído mesmo de Paris.) Miudinha, com menos de metro e meio de altura, Luísa de Marillac transformou a vida nos hospitais que, até então, eram considerados lugares de repressão e morte. Sua atuação nos hospitais de Paris ajudou a mudar as bases do atendimento hospitalar em todo o Ocidente tanto quanto o trabalho de São João Batista de la Salle modificou o processo educativo então vigente, no qual só os ricos tinham possibilidade de estudo prolongado. Impossível também esquecer que em Paris floresceu o terrível ódio dos católicos pelos protestantes seguidores de Calvino, os huguenotes. Esse ódio, alicerçado em intrigas palacianas, gerou as Guerras Religiosas dos séculos XVI e XVII. Muito sangue francês banhou as ruas da cidade na noite de 23 para 24 de agosto de 1572, véspera de São Bartolomeu, quando milhares de huguenotes foram massacrados pelos católicos, sob as ordens do Louvre.

O ramo protestante ao qual pertencia a família Hemingway era o Congregacional, mas o rapaz nunca se sentira bem aí. A rigidez não combinava com o garoto. Quando Ernie ainda morava na casa dos pais, Grace Hall sequer permitia que o filho fumasse e o rigor religioso do doutor Clarence Hemingway jamais foi seguido pelo filho que, ao encontrar a católica Pauline Pfeiffer, encontrara também a via de desligamento definitivo do protestantismo. Em Paris, o rapaz deixou de ser huguenote, numa conversão que, se pouco mudou sua personalidade, acrescentou-lhe novos hábitos. Converteu-se; mas, para que houvesse casamento, os padres parisienses exigiram certidão de batismo dos noivos. Claro que ele não tinha. Tentou convencê-los de que havia sido batizado durante a guerra enquanto, ferido, aguardava socorro. O pároco de St-Honoré-d'Eylau aceitou a explicação e fez o casamento. Mas é difícil afirmar se houve mesmo o tal batizado ou se foi invenção do noivo para que pudesse casar, visto que não havia outro empecilho pois seu casamento anterior não tinha validade canônica por não ter sido feito na igreja católica. Uma outra hipótese para a escolha da igreja é que o apartamento de Pauline, na Rue Picot, ficava perto de St-Honoré-d'Eylau, pertencendo portanto a esta paróquia. Virgínia, irmã de Pauline, serviu de madrinha da noiva e Mike Ward foi testemunha de Hemingway. Depois da cerimônia, houve um lanche na casa dos MacLeishe. Em Oak Park, os pais de Hem não gostaram que o filho tivesse acabado o casamento e casado de novo, ainda por cima, com moça católica e numa igreja católica.

A lua de mel durou uns vinte dias, no sul da França, em Grau du Roi, pertinho de Aigues Mortes, na Camargue, à beira do Mediterrâneo, diante do canal construído pelo Rei São Luís para servir de ponto de partida da Cruzada de 1248. (Nessa praia, porto de pesca, Hemingway situará seu romance *O Jardim do Éden* que, mesmo inacabado, foi impresso vinte e cinco anos depois da morte do autor.) De volta a Paris, o casal passou a morar num apartamento do 6 Rue Férou, no mesmo *quartier* da *rive gauche* em que Hem havia morado com Hadley e Bumby.

Dois meses depois, o novo casal Hemingway foi à Espanha para as touradas de verão. Retornaram a Paris em setembro, quando Hem já estava escrevendo um novo romance, cujos títulos provisórios eram *Jimmy Breen* e *A New Slain Knight*. Em outubro, ao ser lançado o livro de contos *Homens Sem Mulheres*, as vendas de *O Sol Também se Levanta* já haviam chegado a vinte e três mil exemplares, na América. No final do outono, nada de Áustria. Hem e sua nova mulher partiram para o inverno na Suíça, mudando-se os hábitos do ex-marido de Hadley. Talvez Pauline não tenha aceitado voltar com o esposo a um cenário que havia pertencido à primeira mulher. Ou terá sido o próprio Hem que não quis misturar locações?

Durante todo esse inverno, ele sofreu com a garganta inflamada, hemorroidas e dores de dente. Completando o quadro de sofrimento, certa noite, Bumby raspou um dedo no olho do pai, que quase perdeu a visão. Como mudança mais radical, Hem deixou a barba crescer que nem a de um rabino enquanto *Homens Sem Mulheres* chegava a quinze mil exemplares vendidos em apenas três meses. Era Ernest Hemingway fixando-se como escritor de sucesso e procurando apagar, para si mesmo, a imagem do belo rapaz que fora casado com Elizabeth Hadley.

De volta a Paris, deixou de lado os vinte e dois capítulos já escritos de *Jimmy Breen*. Como ia viajar com Pauline para a América, seu plano era deixar o romance repousando até sua volta. Então, se ainda gostasse, continuaria; caso contrário, o abandonaria para sempre. Tendo já uma outra história na cabeça, nos primeiros dias de março, começou um novo romance: *Adeus às Armas*. Enquanto isso, aos domingos, assistia à missa em St-Sulpice, aquela igreja com pinturas de Eugène Delacroix, onde se realizam as cerimônias de ordenação sacerdotal da Arquidiocese de Paris.

Erguida pela abadia de St-Germain-des-Prés, em louvor do santo que fora arcebispo de Bourges, a igreja de St-Sulpice (onde, em 1996, foram celebradas as cerimônias fúnebres de Marcello Mastroianni) sofreu tantas reformas, passando pelas mãos de tantos arquitetos, que resultou num estilo híbrido. As duas torres são muito diferentes uma da outra, sendo a da esquerda maior e mais ornada que a da direita. Bela, no entanto, é a fonte no centro da praça, construída por Visconti, em 1844. Nos quatro nichos dessa fonte, estão os bustos de quatro famosos bispos franceses: Bossuet, Fénélon, Massillon e Fléchier. Como nenhum deles chegou a cardeal, o humor dos parisienses deu de chamar a fonte de *la fontaine des quatres points cardinaux*, num duplo sentido que serve para "pontos cardiais" e "não-cardeais". Numa das esquinas, diante da praça, fica La Procure, uma das maiores livrarias católicas da cidade. Noutra, começa a Rue du Vieux-Colombier, endereço do Théâtre du Vieux-Colombier, onde Jacques Copeau, naqueles anos vinte, estava realizando um dos mais belos movimentos de renovação do teatro. Mas Hemingway nunca foi muito de teatro. Quanto ao catolicismo, apesar de convertido, jamais se fará um fiel muito praticante, embora siga católico pelo resto da vida. Rezará sempre nos momentos de aflição, mas sempre se considerando "um católico muito estúpido".

Para escrever *Adeus às Armas*, o moço mergulhou em recordações da guerra na Itália. Recordando de si mesmo, de tudo o que lhe havia acontecido e do que ouvira, obrigava-se também a relembrar Agnes von Kurowsky, aquela que dilacerara seu coração; a primeira mulher que amara realmente e por quem sofrera. Terá então relido suas cartas? Ele ainda as mantinha consigo. Ou usou somente a memória? Enquanto escrevia essa ardorosa história de amor, vivendo em Paris, cidade tida como romântica, onde vivera também um segundo amor, o de Hadley, e onde se apaixonara por Pauline, Hem não encontrou lugar em seu coração para prantear mágoa ou ressentimento daquela que o abandonara quando era um garoto que jamais havia amado outra mulher. Como catarse, recriou em dimensões lírica e trágica os momentos mais dolorosos e os mais felizes do seu tempo de guerra. É o seu romance mais amoroso; o mais juvenil e trágico. A matéria-prima estava na memória do autor e não em seu tempo presente, como a de *O Sol Também se Levanta*. Em *Adeus às Armas*, não havia lugar para personagens baseados em modelos que estivessem circulando ao seu redor. Começado em Paris, nenhum outro dos seus livros será escrito de modo tão nômade. Mal começado, Hem levou consigo os originais para a América, onde a família passou algum tempo em Key West, uma ilha no sul dos Estados Unidos, indicada pelo amigo John dos Passos, que havia se casado com Kate Smith, velha amiga de Hem desde os tempos do Michigan.

Em certo dia de abril, doutor Clarence e Grace foram a Key West em visita ao filho e para conhecer Pauline. Sem que soubessem, aquele seria o último encontro de Ernie com seu pai. Depois que partiram, Hem e Pauline estiveram no Arkansas, onde morava a família Pfeiffer, e em Kansas City, para o nascimento de Patrick, o primeiro filho de Pauline; o segundo de Hemingway.

O trabalho de parto, longo, doloroso e complicado, terminou em cirurgia. Acompanhando o sofrimento da esposa, Hem encontrou a chave para o desenlace do romance que estava sendo escrito. Sem o modo como nasceu Patrick e sem que o pai tivesse visto o sofrimento de Pauline, por certo, *Adeus às Armas* não teria tido aquele final. E o ano de 28 terminou com a surpresa da morte do doutor Clarence Hemingway, que se matou com um tiro atrás do ouvido direito, usando o Smith & Wesson 32 que pertencera ao avô de Ernie. (Dez anos depois, veremos em *Por Quem os Sinos Dobram*, que o pai do herói Robert Jordan também havia se suicidado com arma de fogo.) O pai de Hadley igualmente se suicidara, em 1903.

De volta a Paris, Hem abandonou de vez o romance *Jimmy Breen* e concluiu *Adeus às Armas* num longo trabalho de elaboração, sobretudo do último parágrafo, que foi reescrito dezenas de vezes, até que encontrasse a forma difinitiva, enquanto o romance já estava sendo publicado em capítulos na *Scribner's Magazine*. Hadley, a essa altura, morava com Bumby no Boulevard Auguste-Blanqui, mais longe de Hem, que continuava na Férou. Mas, nesse retorno a Paris, ele já se deixara seduzir por Key West, a pequenina ilha exposta aos ventos que varrem a costa da Flórida.

Em junho, Morley Callaghan e sua mulher chegaram a Paris. Era um amigo dos tempos de Toronto. Esportistas, ele e Hem deram um dia de lutar boxe no Clube Americano, tendo Scott Fitzgerald como marcador do tempo dos *rounds*. Num dos assaltos, Scott esqueceu de olhar o relógio e já se passara um minuto além do tempo marcado quando Callaghan pegou Hem de jeito e o atirou na lona. Era o tipo de coisa de que realmente o rapaz não gostava. Mas esqueceu e, mais uma vez, partiu com Pauline para Pamplona a tempo de assistirem à *fiesta* de San Fermin. Em Madri, conheceu Sidney Franklin, jovem *novillero* (toureiro que não enfrenta aqueles touros de meia tonelada, mas novilhos), criado no Brooklyn, Nova York. Sidney fizera seu aprendizado nas arenas do México e estava sendo uma das sensações do verão espanhol. No fim da temporada, Hem e Pauline terminaram o verão na praia de Hendaia, de onde voltaram para Paris. Como se vê, Pauline, já desligada de sua profissão, simplesmente se deixara levar pelos principais costumes do marido, aqueles que ele mantinha desde os tempos de Hadley. Aonde quer que ele fosse, o acompanhava. Para começo de casamento, era a mulher ideal. Mas Pauline era uma novata em sua vida. Não conhecia o passado do marido, quando os amigos o chamavam Ernie, e nada sabia do Michigan, nem das alegrias simples dos primeiros tempos de Paris. Os tempos de Paris com Pauline não ficariam para belas recordações. Isto pertenceria somente a ele e Hadley.

Uma semana depois de terem voltado da Espanha, *Adeus às Armas* foi lançado na América, dedicado a Gus Pfeiffer, o tio de Pauline que adorava a sobrinha. Todas as críticas foram elogiosas. Em três semanas, vendeu vinte e oito mil exemplares; na primeira quinzena de novembro, ocupou o primeiro lugar nas mais importantes listas de mais vendidos, competindo com outro romance de guerra, *Nada de Novo no Front Ocidental*, de Erich Maria Remarque. *Adeus às Armas* foi o livro do ano na América; a confirmação de Ernest Hemingway como um grande escritor. Mas não ganhou nenhum prêmio literário.

Nesse outono de 29, os dias de Hem em Paris foram novamente atormentados por pequenos problemas de saúde. Apareceram-lhe inchaços nos dedos; possível decorrência dos excessos de comida e bebida na Espanha. Entrou em regime e parou de beber. Continuava, porém, frequentando os cafés de estimação, visitando Sylvia Beach na Shakespeare and Company, assistindo à missa com Pauline, em St-Sulpice, e às corridas de bicicleta no Vélodrome. Escreveu um artigo sobre touradas para a recém-lançada revista *Fortune*, que lhe pagou mil dólares por duas mil e quinhentas palavras. E pensar que, há menos de cinco anos, seus contos eram sempre rejeitados! Agora, só pela publicação de *Adeus às Armas* em folhetim, antes do lançamento em livro, recebera dez mil dólares.

Para complicar um pouco o outono, surgiram as primeiras grandes fofocas a respeito da vida particular do já famoso escritor Ernest Hemingway, coisas que o irritaram e serviram para aprofundar nele a necessidade de isolamento e fazer desabrochar o espírito agressivo que iria despontar sempre que se irritasse, ao longo dos anos futuros. Primeiro, apareceu num jornal de Denver e, a seguir na *New York Herald Tribune*, a notícia de que Morley Callaghan andava contando vantagem por ter atirado Hemingway na lona naquela luta de boxe em Paris, quando Scott esqueceu o relógio. Callaghan desmentiu o boato e a *Tribune* retratou-se, mas esse tipo de coisas atingia Hemingway no brio e no orgulho. A seguir, vieram as fofocas mais pesadas, feitas inicialmente por Robert McCalmon, aquele que havia editado seu primeiro livro. McCalmon espalhou em Nova York que Hemingway costumava espancar sua primeira mulher e que, por causa disso, Bumby havia nascido antes do tempo. Boatou também que Pauline era lésbica e Ernest, homossexual. Muita gente, inclusive escritores, durante anos, usaria essa história de homossexualidade e mais uma de impotência sexual sempre que se pusessem a interpretar o machismo e o fascínio de Hemingway por aventuras e esportes perigosos.

Depois de novas temporadas em Key West, Hemingway decidiu que Paris já não era seu lugar para viver. Estava resolvido a mudar-se com a família para aquela ilha, voltando assim a morar em seu país. Mas, mesmo sendo em seu país, seria ainda um exílio, pois as ilhas ao sul da

Flórida estão muito afastadas do continente. Deixando a cidade em que encontrara o seu estilo literário, uma segunda mulher e uma religião, Hemingway sabia que Paris continuava sendo uma parcela importante na vida de qualquer jovem, no entanto, a sua própria juventude já havia ficado para trás. E tratou de cuidar do adeus.

Adeus, Paris

Assim terminou a primeira parte
de minha vida em Paris.

– *Paris é uma Festa*, livro

Se haviam ocorrido mudanças na vida do rapaz, Paris também já não era igual naquela virada de década. A *féerie* de Montparnasse declinava. Como um estopim, a queda da bolsa de Nova York forçava a debandada de milhares de americanos. Escritores e artistas que já haviam encontrado seu espaço e começavam a se tornar famosos também começaram a deixar a cidade. Escritores como Ernest Hemingway; como Georges Simenon.

A 20 de fevereiro de 31, realizou-se um baile que é tomado por alguns como o fecho da grande fase do *quartier* Montparnasse. Simenon era já um escritor que vendia milhares de livros, mas assinados sob pseudônimo. O público não conhecia o autor. Sua editora decidiu então fazer um grande baile no *quartier* mais feérico da cidade com o objetivo de lançar a série do comissário Maigret e o nome verdadeiro do autor. A festa chamou-se *Bal Anthropométrique*, em alusão ao departamento de polícia onde os presos eram fotografados e medidos. Tendo Kiki à frente, a festa foi um grandioso sucesso com quatrocentos convidados e o dobro de penetras. Ainda cedo, os coordenadores tiveram de correr à Coupole em busca de mais uísque e mais champanhe. No dia seguinte, esse baile da boate La Blouse Blanche foi notícia em todos os grandes jornais franceses. Com ele, Maigret e Simenon estavam lançados e Montparnasse despedia-se com brilho dos alegres anos vinte. Como recordação, Kiki de Montparnasse escreverá um livro de memórias com prefácio de Ernest Hemingway. Nele, o escritor presta um tributo à formosura de Kiki e relembra como se sentia bem depois de um dia de trabalho, num daqueles cafés, admirando sua beleza. Montparnasse nunca mais terá o brilho boêmio de tão brilhantes artistas e Paris jamais terá um outro grupo de escritores americanos como o daquela geração perdida. E os Estados Unidos não voltaram ainda a ter escritores do nível de Gertrude Stein, Scott Fitzgerald, William Faulkner, Ezra Pound e Ernest Hemingway, capazes de influir sobre a literatura americana e a de muitos outros povos. Exceção isolada para Henry Miller que, naqueles anos trinta começava a viver sua fase parisiense.

Decidido a morar em Key West, Paris continuará sendo a cidade muito amada, mas não o lugar de residência de Ernest Hemingway. Os anos vividos aí foram um período absolutamente sereno, um dos mais tranquilos da vida do escritor, salvo a fase angustiante que precedeu o divórcio e salvo os muitos acidentes; nenhum de alta gravidade, como os que sofrerá depois. Nos anos de Paris, Hemingway foi ferido no olho pelo dedo de Bumby; rompeu ligamentos do pé esquerdo; certa noite, confundiu a corda de descarga do banheiro com a da claraboia e puxou-a com tanta força que a clarabóia foi arrancada da parede e desabou sobre ele fazendo um corte profundo no rosto; outro dia, o aquecedor explodiu enquanto tomava banho e o fogo chamuscou-lhe o peito. Teve ainda cortes e mais cortes, sobretudo nos pés. O olho riscado pela unha de Bumby jamais será o mesmo de antes; a cicatriz da clarabóia deixará um calombo rijo na testa. Para atormentá-lo mais ainda, houve infecções de alguns cortes e a crônica inflamação de garganta, que sempre reaparecia, além das eternas hemorroidas, dores de dente e insônia. Mas, nesse tempo, Hemingway não se envolveu em aventuras perigosas, a não ser a prática do esqui, em que não sofreu nenhum acidente grave. Nem viu a morte de perto, deixando adormecido o espírito do matador. Se não de todo adormecido, satisfazendo-o apenas com bucólicas manhãs de pesca miúda pelos rios da Espanha e assistindo ao ritual de vida e morte nas arenas espanholas. Paris foi a trégua do matador, o único lugar do mundo em que viveu e jamais andou matando, nem mesmo peixinhos nas escuras e profundas águas do Sena.

Se o Michigan o iniciara nos mistérios da natureza e da solidão; se Kansas City e Chicago, nas malhas do jornalismo de reportagem e do baixo mundo e a Itália, nos meandros da guerra, do sofrimento e do amor, Paris o iniciou em bom gosto, requinte, charme, polidez e elegância, nuances que saberá usar muito bem, quando bem quiser. Depois de Paris, jamais deixará de ser elegante, por mais esculachado que venha a se vestir. Tal elegância cairá por terra somente nos momentos de agressão, às vezes inteiramente desnecessários e sem que ninguém por perto entenda o motivo. Nunca, em nenhum outro lugar, Ernest Hemingway será tão urbano, tão civilizado e andará tão bem vestido. Até viver em Paris, sua personalidade nada tinha daqueles ares de brigão, prepotência e jeito de não-levo-desaforo-pra-casa que alguns dos seus futuros biógrafos irão tanto ressaltar. Aquela cidade dos anos vinte também não lhe pareceu adequada a bebedeiras e embriaguez. Bebia cautelosamente, pelo prazer da boa bebida que França oferece e ensina a degustar. Grandes porres só mesmo nos verões espanhóis. Em Paris, Hemingway aprendeu que a privacidade individual tem de ser respeitada. Por isso, para sempre exigirá que respeitem a sua. E aprendeu que todos os demais direitos de cada homem devem ser sempre levados em conta. Muito do código de honra dos seus personagens vem daí. Quanto à pobreza daqueles primeiros anos, nem todo mundo acredita na história de que ele fosse tão pobre que, como ele recordará, pegasse pombos no Jardin du Luxembourg, lhes torcesse o pescoço e os levasse, às escondidas, para casa como complemento do almoço. Quem sabe, talvez fizesse mesmo. Hadley jamais negou.

Em Paris, Hemingway começou a ver e amar pintura, os quadros dos grandes pintores, cultivando um prazer que será intensificado quando conhecer o Museu do Prado. Em Paris, sobretudo, aprendeu a trabalhar pesado em literatura. Assumindo um ritmo de vida mais lento que o de Chicago, dedicou-se por inteiro ao trabalho da escrita, uma atividade extremamente pessoal e, em alguns momentos, árdua e dolorosa, como ele próprio definirá. Sozinho, escrevendo diariamente, com método e horário fixo, encontrou o estilo que perseguia. Lá, escreveu alguns dos seus mais belos contos e lançou seus cinco primeiros livros. Nessa cidade que embala amantes, viveu com Hadley um amor romântico, idílico, e uma paixão ardorosa por Pauline; seus dois primeiros filhos foram aí gerados e Bumby aí batizou-se e viveu a primeira infância. Também nessa cidade de mistérios, Hemingway assumiu o catolicismo, casou-se numa igreja católica, passou a rezar nos momentos difíceis e a frequentar St-Sulpice, para a missa de domingo. Por tudo isso e pela beleza da cidade, nostálgico, jamais deixará de recordar com ternura os primeiros anos de Paris, onde encontrou um universo tão diferente daquele ao qual estava acostumado em sua terra. Mergulhando nesse universo, embora não na sociedade parisisense, preparou-se para deixar surgir Ernest Hemingway, o mito, a lenda, o mais bem-sucedido e popular escritor da América (ou do mundo?), o único a ser tão fotografado quanto uma estrela de cinema.

Terminados os anos vinte, deixava a cidade como se tivesse cumprido uma missão. Curioso é que não tenha pensado em morar na Espanha, terra que tanto amava e que chegou a considerar sua segunda Pátria. Jamais, porém, seria o seu lugar para morar como Paris jamais voltará a ser. Levava consigo uma imagem da cidade que estava ficando no passado e que jamais será reencontrada. Encerrava uma fase de vida, continuando a amar Paris, embora um tanto desiludido. Por outro lado, carregava uma intuição que tivera e que se tornará certeza definitiva, a de que Paris é móvel e, sendo móvel, estará sempre com ele aonde quer que ele vá.

Uma ilha no golfo

Aqui posso caçar e pescar. Isto, escrever,
ler e ver quadros é tudo o que me interessa fazer.

– *As Verdes Colinas de África*, livro

No começo dos anos trinta, Key West, com seus quinze quilômetros quadrados, ainda não possuía tantas atrações turísticas quanto hoje, porém já era considerada a mais bela das ilhotas do arquipélago que se estende ao sul da Flórida, na boca do Golfo do México. Território espanhol até 1821, como toda a Flórida, as ilhas eram chamadas *cayos*, significando pequenas ilhas de água rasa e bancos de areia. Passando a pertencer aos Estados Unidos, *cayos* tornaram-se *keys* para os americanos, mas com o mesmo sentido espanhol. Uma estrada de ferro (East Coast Railroad), construída entre 1907 e 1912, fazia a ligação de Miami com as ilhas. Se Key Largo é a mais próxima da Flórida, Key West (Cayo Oeste ou Cayo Hueso, para os cubanos) é a mais distante. Já dentro do Golfo, beirando o Canal da Flórida, fica mais próxima de Havana que de Miami. Além dos nativos, seus habitantes eram os negros vindos das Bahamas e de Cuba. Com um violento furacão em 1935, a estrada de ferro foi destruída. O governo construiu então a Overseas Highway, autoestrada de 182 quilômetros de extensão com 42 pontes interligando as dezenove ilhas principais. A partir dessa construção, o arquipélago tornou-se mais um paraíso de americanos ricos. Naquele ano do furacão, a casa de Hemingway já estava incluída entre os quarenta e oito pontos turísticos da ilha. Era o décimo oitavo. Coisas assim serviam como um forte impulso para que ele se reguardasse cada vez mais de estranhos.

Depois de sua morte, os pontos turísticos mais procurados na pequenina ilha de Key West são aqueles que lembram Ernest Hemingway: sua casa, que se tornou museu e que já apareceu até em filme de James Bond, e os dois bares que ele frequentava, o Sloppy Joe's e o Capt. Tony. Todos os anos, no início do verão, realiza-se na ilha o *Hemingway Days Festival*: um evento turístico de vários dias de festa e alegria em torno da memória do escritor. São gincanas e vários torneios, inclusive um concurso de sósias, para o qual chegam dezenas de americanos iguaizinhos a Ernest Hemingway, isto é, ao Papa Hemingway, aquele grandão barbudo, com o cabelo juntando-se à barba e vestido numa *guayabera*. Vale notar que esta imagem nada tem a ver ainda com o homem de trinta e poucos anos que deixou Paris e chegou ao arquipélago para viver em Key West.

Primeiro passando férias, depois definitivamente, os Hemingway chegaram à ilha no auge da depressão americana e da Lei Seca; época de contrabando de bebidas, com os *gangsters* vivendo em luta entre eles mesmos pela posse do mercado clandestino nas grandes cidades do país. Mas os Hemingway se deixaram ficar como se estivessem à margem dos principais problemas americanos. Viveram algum tempo pagando aluguel, até comprar uma casa que o tio Gus deu à sobrinha como presente. É um casarão antigo, cercado de varandas com balaustradas, em meio a um jardim de tamareiras, salgueiros, palmitos e figueiras, situado na Whitehead Street, número 907. Morar ali foi o reencontro de Hemingway com a natureza no cotidiano, o que não lhe acontecia desde os tempos do Michigan. Jamais voltará a viver em apartamentos, como em Paris. Em Key West, dá-se o nascimento do ermitão e o descobrimento do mar. Embora esteja em solo americano, a ilha marca a segunda fase do exílio do escritor, tão distante que está de Nova York, Chicago, São Francisco... Bem protegido e escondido, nunca mais se deixará perturbar e só há de receber quem quiser. Apenas seus amigos terão passe livre. É o homem acima dos trinta anos deixando-se amadurecer no isolamento, mas sem tirar os olhos do mundo. É também a face do matador que se desvela; o reencontro do prazer de caçar e pescar. E é o jovem de estilo parisisense oferecendo-se para mergulhar em forças mais primitivas; o mar e a savana, sobretudo.

No período em que viveu em Key West, Hemingway se iniciou na caça de animais selvagens, o que nunca tinha feito: alces, ursos, carneiros monteses, antílopes e coiotes, além de galos silvestres e até uma grande águia, tudo durante temporadas de férias no centro-oeste americano. Numa dessas estações de caça e prática de esqui, sofreu o primeiro acidente mais grave. Dirigindo à noite, em Montana, foi ofuscado pelos faróis de um carro e perdeu o domínio da direção. O automóvel rolou numa vala; capotou várias vezes e parou com as rodas para cima. Hemingway foi retirado do carro e levado para o hospital mais próximo com gravíssima fratura no braço. Na cirurgia, aberta uma longa incisão, o osso foi ligado com fibra de tendão de canguru. E o escritor teve de ficar imobilizado lá mesmo por quase um mês. Assistido pelas Irmãs de

Caridade que administravam o hospital (aquelas das *cornettes blanches*), com o tórax e o braço enfaixados, ouvia rádio a noite inteira e deixou que crescessem barba e cabelo. Numa foto do final de 1930, ele se exibe como uma figura quase primitiva, muito distante já da imagem dos bons tempos de Paris. Esses dias de hospital serão recriados no conto *O Jogador, a Freira e o Rádio*.

Em 32, quando ainda mantinha a esperança de que Pauline desse à luz uma menina, veio Gregory Hancock, seu terceiro filho. Foi também nesse ano que ele começou a atravessar o canal para Cuba, alugando o barco de Joe Russel, o dono do bar Sloppy Joe's. Nesse barco, iniciou-se na pesca do marlim azul nas águas profundas do Golfo e deu de tomar o hotel Ambos Mundos como seu paradeiro sempre que estivesse em Havana. Com o tempo, essas idas a Cuba foram se tornando mais frequentes e com temporadas mais longas, afastando-o de Key West, da mulher e dos filhos. Também em 32, foi lançado *Morte ao Entardecer*, o primeiro dos seus livros em que foge da ficção. Dedicado a Pauline, é um estudo sobre corridas de touros com informações detalhadas a respeito de arenas, temporadas, touros e toureiros. Nele, complementado por um extenso glossário, Hemingway analisa a atuação dos grandes matadores, novilheiros e picadores da época, gente como Nicanor Villalta, a quem homenageara no nome do seu primeiro filho; Juan Belmonte, que servira de modelo para Pedro Romero, o toureiro de *O Sol Também se Levanta*; Sidney Franklin, o *novillero* americano, e Ignacio Sánchez Mejías, aquele de quem Federico García Lorca pranteou a morte no *Llanto por Ignacio Sánchez Mejías*, dizendo que *"tardará mucho tiempo en nacer, si es que nace, un andaluz tan claro, tan rico de aventura"*.

No ano seguinte, Hemingway lançou uma coletânea de contos a que deu mais um dos seus brilhantes títulos, que tem tudo a ver com o seu pensamento e com o código de honra dos seus personagens: *O Vencedor Nada Leva*. Eram catorze contos, embora apenas seis inéditos em livro: *A Luz do Mundo, Como Nunca Serão, A Mãe do Maricas, Escreve um Leitor, Um Dia de Espera* e *Pais e Filhos*. Quase ao mesmo tempo, apareceu em capítulos na revista *Atlantic Monthly*, a *Autobiografia de Alice B. Toklas*, o livro de Gertrude Stein em que ela acusa Hemingway de covarde, além de apontar-lhe outros defeitos. Em carta a Max Perkins, Hemingway comentou que, "com a menopausa", Gertrude perdera "todo o senso de gosto" e que isto "é um fenômeno realmente extraordinário" pois Miss Stein "se tornou incapaz de fazer a distinção entre um bom e um mau quadro, um bom e um mau escritor". Nesse momento, porém, sua cabeça estava mesmo era voltada para o que mais desejava realizar: uma temporada de caça pesada no continente africano. Ansiava por ver e alvejar leões, rinocerontes, antílopes e o que mais aparecesse. Tio Gus financiou a viagem.

Já quase no fim do outono, Hemingway passou três semanas em Paris a caminho de África para o desejado safári. Mas Paris já não era Paris dos velhos tempos. Houvera desilusão. Suas impressões sobre a cidade apareceram na *Esquire* de fevereiro de 34. Talvez a ânsia pela iniciação na caça pesada o tenha deixado deprimido naqueles dias, conforme confessa na revista. Paris já não significava nada do que fora dez anos atrás. Agora, não passava de um "enorme equívoco". E ele gostaria de estar em qualquer outro lugar, "no rancho, ou em Pigott, Arkansas, no outono, ou em Key West, e ainda muitíssimo mais, digamos, em Dry Tortugas"; menos ali. "Fulano, um velho amigo, suicidou-se com um tiro nos miolos. Aquele outro amigo engoliu uma dose excessiva de uma droga qualquer. E um outro amigo regressou a Nova York e saltou ou, melhor dizendo, caiu de uma janela alta. Aquela velha amiga escreveu suas memórias. E todos os velhos amigos ficaram sem dinheiro." Era como se ele tivesse a certeza de que, escapulindo, se salvara. E como se estivesse acontecendo com ele o que em geral acontece quando um amante se separa da ex-amada: por algum tempo não quer revê-la e, se se reencontram, só vê defeitos nela. Ah, como sofreu ao perceber que o bairro de Montparnasse, antigo celeiro de boêmios, artistas e intelectuais fora descoberto pela "respeitável burguesia francesa tal como acontecera antes a Montmartre". Viu, no entanto, que "assim os grandes cafés fazem um bom negócio. Os únicos estrangeiros ali são alemães. O Dôme está abarrotado de refugiados do terror nazista e da espionagem nazista sobre os refugiados." Tudo era muito caro, sobretudo a comida, embora boa como sempre. O pior, aquilo que o fez embarcar na depressão, foi ver "o modo calmo como toda a gente fala a respeito da próxima guerra". Nada disso, porém, o impediu de perceber que a cidade "está muito bela neste outono". Tentou humilhá-la pela idade, como acontece com amantes que deixam a amada em troca de outra mais nova. E terminou seu texto para a *Esquire* afirmando que todos nós amamos Paris "uma vez e mentimos se dissermos que não. Mas é como uma amante que não envelhece e ela tem agora outros amores. Ela era velha quando se começou mas nessa altura não o sabíamos. Pensávamos que era apenas um pouco mais velha do que nós e isso constituía então mais um atrativo. Assim, quando deixamos de amá-la achamos que a culpa era dela. Mas isso não estava certo, pois ela conserva sempre a mesma idade e tem sempre novos amantes. Mas eu, eu amo agora uma outra coisa. E se lutar, lutarei por uma outra coisa." Carlos Baker, analisando esse texto, acreditou que a "outra coisa" que Hemingway passou a amar era o seu país de origem.

Acompanhado de Pauline, partiu de Marselha para o continente africano com objetivos bem definidos para o safári: caçar animais selvagens e matar quantos puder. E matou. Era o homem feito transgredindo a primeira das lições de caça que lhe foram ditadas por seu pai: caçar apenas o que lhe servisse de alimento. Em excursões pelas colinas e savanas da África, Ernest Hemingway esqueceu para sempre essa lei tão antiga passando a ver os animais apenas como alvos a serem atingidos que, depois, se tornariam lembranças e troféus.

O safári foi de completo êxito para o caçador e sua equipe, sem quaisquer incidentes graves que perturbassem a paz de espírito do escritor. No final, Hemingway deixou o continente africano carregado de emoções e observações sobre a terra, os animais, a cultura dos povos nativos e a técnica de caça pesada. Na viagem de volta, apesar da desilusão que dizia ter tido com a cidade, Hemingway não fez escala demorada em nenhum outro lugar, mas em Paris, onde o casal ficou nove dias, hospedado no

Hotel Paris-Dinard, na Rue Cassette, entre a Rue de Rennes e a Vaugirard, pertinho da igreja de St-Joseph-des-Carmes e do Jardin du Luxembourg. Era o seu bem conhecido *quartier* de St-Sulpice continuando como a principal referência na cidade. Nessa temporada, bem diferente da anterior, mostrou-se feliz, cordial e generoso; um mar de sedução.

Esteve com Ned Calmer, um jovem escritor que havia conhecido há pouco e com quem simpatizara. Ao saber que sua filha ainda não fora batizada, ofereceu-se para padrinho. Depois do batizado, levou toda a família de Ned para almoçar no Weber's, na Rue Royale, perto do Maxim's. Antes de se despedir, deixou no bolso do rapaz um cheque de trezentos e cinquenta dólares para que ele fosse com a família a Nova York assistir ao lançamento do seu primeiro romance.

Outro dia, convidou James Joyce para jantar no Michaud's. Joyce bebeu mais do que o suficiente. Por volta da meia-noite, com a dona do restaurante, dançou uma valsa que tocava num fonógrafo e dançou até cair. Hemingway o levantou e o carregou para casa, na Rue Galilée, entre o Arco do Triunfo e o Trocadéro. Dá para imaginar James Joyce ficando bêbado, dançando valsa, caindo, sendo levantado e levado para casa?

Na Shakespeare and Company, Sylvia mostrou-lhe um ensaio de Wyndham Lewis que acabara de ser lançado, *The Dumb Ox* (O boi taciturno), tratando do anti-intelectualismo de Ernest Hemingway. Claro que o grandão ficou furioso. Com um murro, estraçalhou um vaso de flores da escrivaninha de Sylvia. Imediatamente arrependido, insistiu em pagar mil e quinhentos francos pelo prejuízo. Outra tarde, Sylvia apresentou-lhe a escritora Katherine Anne Porter. Hemingway não deu uma palavra com a moça e, enquanto Sylvia falava ao telefone, levantou-se e saiu. A ausência de Paris, o sucesso, as fofocas e o assédio de repórteres começavam a causar efeito, gerando agressões.

No retorno à América, a bordo do Île de France, conheceu uma mulher que se tornará uma de suas amigas mais fiéis. A maneira como se conheceram jamais foi esquecida; nem por ele, nem por ela. Era noite. Hemingway estava no salão-restaurante do navio. Ao lado, doze homens à mesa aguardavam a chegada de algum convidado especial para que iniciassem o jantar. De repente todos se levantaram porque acabava de entrar uma deslumbrante mulher. Era Marlene Dietrich, mítica atriz de Hollywood, que fazia o gênero misterioso da mulher fatal. Hemingway ficou igualmente deslumbrado. Marlene, supersticiosa, antes de sentar-se contou os participantes. Como eram doze, desculpou-se e preparou-se para sair. Não podia ficar visto que, com ela, seriam treze à mesa. Rápido e elegante, um desconhecido aproximou-se de Marlene oferecendo-se para ser o décimo quarto. Era Ernest Hemingway. Encantada, Marlene aceitou. Foi o começo de uma longa amizade.

Chegando a Key West, o escritor tratou de fazer com que aquele seu primeiro safári rendesse algo e escreveu um livro a que deu o nome *As Verdes Colinas de África*. Misto de reportagem e literatura, é o elogio da caça pelo prazer, a precisão e a técnica; a caça sem qualquer outro objetivo que não o de acertar o animal e guardar parte dele como troféu; nem que seja só a lembrança de um momento, aquele instante em que se faz mira, aperta-se o gatilho, ouve-se o estampido e vê-se um corpo desabando. "O verdadeiro processo de caçar é perseguir um animal enquanto ele existe". Era indiferente matar fosse o que fosse, qualquer espécie de animal, "desde que o matasse definitivamente, porque todos tinham que morrer e a minha intervenção acidental, matando-o, era instantânea e não me fazia remorsos". Ideias de 30, quando ainda não havia o Greenpeace, nem Brigitte Bardot, nem a certeza atual de tantas espécies em extinção. Difícil é imaginar o que diria doutor Clarence Hemingway, que ensinara o filho a caçar apenas aquilo que o alimentasse.

Verdes Colinas de África talvez seja a obra em que Hemingway mais foge do estilo literário que havia assumido. É um livro quase sem diálogos; substituídos por longos períodos em que as vírgulas se sucedem expondo ao leitor as muitas práticas e técnicas de caça, pesca e cozinha. É obra experimental, em que ele quis testar se a pura realidade de acontecimentos pode assumir-se como literatura e em que revela seu afeto por grandes pintores (Degas, Cézanne, Goya, Velázquez, El Greco, Giotto, Tiziano, Bruegel) ao mesmo tempo em que se desmancha em elogio aos escritores que ama e é cruelmente ríspido com os demais.

Paris, que é móvel, esteve com ele também na África e reaparece no livro, em recordação dos velhos tempos: o gemer da serra na Notre-Dame-des-Champs, o castanheiro por cima do telhado, uma mulher louca gritando no térreo e o busto de Flaubert, no Jardin du Luxembourg. Flaubert era "um homem em quem nós acreditávamos, que amávamos sem o criticar, que ali estava em pedra, pesado, como um ídolo deve ser". Também não deixa de lembrar "que lindas eram as fontes da Place de l'Observatoire (a água brilhante a escorrer sobre o bronze da crina dos cavalos e o bronze das patas e dos peitorais esverdeado pelo fino fluxo da água)".

Ainda decorrentes do safári, escreveu dois dos seus melhores contos, os mais longos entre todos: *A Breve e Feliz Vida de Francis Macomber* e *As Neves do Kilimanjaro*. A partir da publicação de *As Verdes Colinas de África* e desses dois contos, os safáris passaram a se tornar as novas brincadeiras de europeus e americanos ricos que queriam viver à Hemingway. Tal como havia acontecido com a *fiesta* de San Fermin, depois de *O Sol Também se Levanta*, os safáris na África se tornaram moda.

As Neves do Kilimanjaro abre com uma epígrafe, omitida na versão brasileira, mas que parece imprescindível à leitura do conto: "O Kilimanjaro é uma montanha coberta de neve de 17.710 pés de altura. Diz-se que é a montanha mais alta da África. Seu cume ocidental é chamado em masai: Ngàje Ngài, a Casa de Deus. Perto do cume ocidental há uma carcassa dissecada e congelada de um leopardo. Ninguém sabe explicar o que o leopardo procurava nessa altitude".

Nesse conto, o autor se estampa mais uma vez, misturando-se à ficção; integrado a ela. Paris, que estava ausente de sua obra de ficção desde *O Sol Também se Levanta*, reaparece em toda a beleza pobre da Montagne Ste-Geneviève, onde Hemingway havia morado em 1922 e 23. Na Place de la Contrescarpe, "floristas tingiam suas flores em plena rua e as tintas escorriam pelas calçadas, bem no ponto de ônibus, onde sempre havia grupos de homens e mulheres já idosos, geralmente bêbados de zurrapas ordinárias, bem como crianças com o nariz pingando por causa do frio. Dominando tudo, o cheiro do suor imundo e de miséria, de bebedeiras no Café des Amateurs e das prostitutas do *bal musette*". E relembra que "nas imediações da Place de la Contrescarpe havia dois tipos de fauna, os bêbados e os *sportifs*. Os primeiros afogavam no álcool a sua pobreza, os segundos consumiam-na com exercícios incessantes. Uns e outros eram descendentes dos Communards (os insurretos civis parisienses de 1871, cuja efêmera tomada de poder fora tão cruelmente rechaçada pelas forças legalistas), e não lhes era difícil escolher uma posição política. Sabiam muito bem quem havia abatido seus pais, seus parentes, irmãos e amigos quando as tropas vindas de Versalhes retomaram da Comuna o controle de Paris e executaram sumariamente todos aqueles que tivessem as mãos calejadas, usassem um barrete ou ostentassem qualquer evidência de serem trabalhadores". Este é o único momento de toda a sua obra em que Hemingway revela conhecer algo sobre o povo parisiense e sua história, uma gente quase totalmente excluída do seu universo ficcional.

Tal como o Hem dos velhos tempos, Harry, o personagem de *As Neves do Kilimanjaro*, é um escritor que alugara um quarto na Rue Mouffetard, "a sessenta francos por mês". Tal como Hem, era ali que Harry escrevia, por sobre os telhados de Paris. Talvez também levasse castanhas assadas para comer quando tivesse fome e, como Hem, tomasse um gole dalguma bebida quente quando terminava um conto ou o dia de trabalho.

Na primavera de 1935, um novo acidente e dos mais inusitados. Para desespero dos que odeiam o lado machão de Hemingway, este acidente foi muito bem narrado e comentado aos leitores da *Esquire* numa carta publicada no número de junho daquele ano e, postumamente, incluída em *Hemingway Repórter*.

A bordo, na Corrente do Golfo, ele seguia com John dos Passos e vários outros amigos pescando a caminho de Bimini, nas Bahamas. Hemingway, tendo fisgado um tubarão, sacou a pistola e alvejou-o na cabeça. Preparava-se para um novo tiro e assim acalmar o peixe para que pudesse ser içado, quando o arpão quebrou-se e o seu cabo atingiu a mão direita de Hemingway com um forte golpe que fez disparar a pistola atingindo o grandão nas duas pernas. "Fui indecentemente baleado", gritou. Com uma só bala, que ricocheteou na amurada do barco, conseguira ser atingido nas duas pernas. Para ele, era como assinar diploma de débil mental. Detalhes? Só mesmo lendo a narrativa do acidente na reportagem *Como Ser Baleado de Novo: uma Carta da Corrente do Golfo*.

Amor em tempo de guerra

> E gostaria de me casar com ela porque possui as pernas mais longas, mais suaves, mais bem feitas do mundo, e de ter meio de ouvi-la me dizer que tudo isto não tem muito sentido.
>
> – *A Quinta Coluna*, peça de teatro

Certo dia, em dezembro de 36, enquanto trabalhava seu novo romance, *Ter e Não Ter*, estava no Sloppy Joe's, quando entrou uma turista americana, alta, loura, de olhos azuis. Puxando assunto, ficou sabendo que se chamava Martha Ellis Gellhorn, jornalista e romancista com livros já publicados. Por tramas do destino, o primeiro dela romance trazia um epígrafe retirada da obra de Ernest Hemingway. Conversa vai, conversa vem, e foi paixão quase imediata. Em poucos dias, Martha já o chamava Ernestino, já havia sido apresentada a Pauline e, tal como Pauline fizera com Hadley dez anos antes, passou a frequentar os Hemingway. A coisa se repetia. Mas, agora, o homem estava mais amadurecido (ou endurecido), não amava Pauline tanto quanto amara Hadley e talvez já tivesse uma certa segurança quanto ao fim próximo do seu casamento. Era o ano em que começou a Guerra Civil Espanhola e Hemingway não podia deixar sua outra pátria entregue aos fascistas sem que estivesse lá e fizesse alguma coisa.

Em fevereiro de 37, embarcou num transatlântico chamado Paris, com destino à Europa. Seguia para a Espanha como correspondente de guerra, trabalhando para a agência NANA (North America Newspapers Alliance), responsável pela distribuição de notícias para cerca de sessenta jornais dos Estados Unidos. Sidney Franklin e Evan Shipman eram companheiros de viagem. No cais de Nova York, muitos repórteres quiseram entrevista. Um deles, Ira Wolfert, dedicou-se especialmente a observar o aspecto de Hemingway e o descreveu depois: "O peito sobressaía-lhe do paletó como um parapeito. Embora com trinta e sete anos, tinha um aspecto extremamente jovem. Por detrás do bigode negro, seu rosto redondo e rosado reluzia de saúde". Este talvez seja o único retrato que se fez dele aparentando mais novo que a idade real.

Sozinho em Paris, sua porta de entrada no continente europeu, visitou o poeta Robert Desnos, em seu apartamento da Rue de Seine; almoçou com Janet Flanner e esteve várias vezes com Sidney Franklin, encontrando-o num hotel da Rue St-Benoît, aquela que quase beira St-Germain-des-Prés e vai dar na velha conhecida Rue Jacob. Depois de alguns dias, partiu para Madri com escala em Toulouse, onde pegou avião. Começava sua aventura na Guerra Civil procurando, como em 18, estar muito perto da ação, mesmo sabendo, como em 18, que não poderia pegar em armas, pois seu trabalho seria de observador, repórter credenciado, sem direito a armamento.

Passou 45 dias na Espanha observando as ações de guerra e enviando matérias para a NANA. Recebia 500 dólares por cada despacho telegráfico e mil dólares por reportagens mais longas, enviadas pelo correio. Depois desse mês e meio, retornou a Paris. Era primavera, estação parisiense que ele mais amava, mas foi a mais bizarra das suas estadias na cidade, pois fez o que não gostava, nem sabia: falar em público. Foram duas palestras, uma no Clube da Imprensa Anglo-americana e, outra, para os Amigos de Shakespeare and Company. Joyce assistiu a esta e ouviu Hemingway, gaguejando, afirmar que escrever é uma tarefa solitária e árdua e que não ficara muito satisfeito com nenhum dos seus livros, salvo, talvez, *O Sol Também se Levanta*. Depois disso, à bordo do Normandie partiu para Nova York, onde, no dia 4 de junho, participou do Segundo Congresso de Escritores Norte-americanos, no Carnegie Hall. Aí, pronunciou o primeiro discurso formal de sua vida falando sobre o que vira na Espanha e da missão do escritor nos dias atuais, quando deve tomar parte ativa na defesa da liberdade e da democracia. No final, foi ovacionado por 3.500 pessoas durante sete minutos. Era um homem de trinta e oito anos.

Em setembro, estava outra vez a caminho da Espanha; agora, acompanhado por Martha Gellhorn, de quem já era amante e que viajava também como correspondente de guerra. Se, em 1918, o garoto tivera Agnes von Kurowsky como amante, na Guerra Civil terá Martha Gellhorn, tendo o velho hospital da Cruz Vermelha de Milão substituído pelo Hotel Florida, em Madri, onde os amantes se hospedaram em quartos separados e ouviram notícias de que Franco já dominava dois terços da Espanha. Falava-se também que um novo ataque à capital poderia acontecer a qualquer momento.

Depois de passar o Natal com Martha, Hemingway seguiu para Paris, onde encontrou Pauline, que viera da América e tentava conseguir visto para ir à Espanha. Pauline já sabia que o marido a enganava e lutava para manter o casamento. Ele e a esposa ficaram no Hotel Elysée Park, no Rond-Point dos Champs-Elysées. Era Hemingway começando a ser um homem da *rive droite*, ou seja, hospedando-se do outro lado do Sena, região da cidade em que jamais havia morado. Com problemas no fígado, consultou médico e viu-se obrigado a trocar bebidas alcoólicas por medicamentos como Chofitol. O clima entre o casal foi tenso até partirem para Nova York, no começo de janeiro de 38, a bordo do mesmo navio em que tinham voltado da África, quatro anos antes.

Para o lançamento de *Ter e Não Ter*, Hemingway, apreensivo com a possibilidade de que alguém o processasse, embora tivesse usado algumas pessoas reais como modelos de criação de personagens, abriu o livro com uma nota de precaução: "Em vista da recente tendência a identificar personagens de ficção como pessoas reais, parece conveniente declarar que não existe qualquer pessoa real neste livro; tanto os personagens como seus nomes são fictícios. Se o nome de alguma pessoa viva foi utilizado, seu uso foi puramente acidental."

Ao lançar este seu primeiro livro com ação nas ilhas e nas águas do Golfo, Hemingway já havia se tornado um homem do mar; um adepto e bom conhecedor da pesca profunda nas águas da corrente. Comprara um barco de pesca (ricaços, em geral, compram iates de passeio) que batizou com o nome espanhol Pilar. Era, ao mesmo tempo, uma homenagem à Nossa Senhora do Pilar e uma referência ao codinome de Pauline, usado quando os dois se amavam às escondidas. Ele jamais batizaria seu barco, por exemplo, de Oak Park ou Petoskey, pois, desde Paris, mais e mais, Hemingway afastava-se de lembranças de sua infância e adolescência. E o que tinha de escrever sobre o mundo do Michigan, já havia escrito, nos anos de Paris.

No Pilar, deu de passar vários dias pelo Golfo em perseguição a espadartes e marlins; os maiores que pudesse fisgar. A essa altura, o casamento andava em frangalhos. O esposo, praticamente afastado da família, que continuava em Key West, vivia mesmo era pela ilha de Bimini ou em Havana, hospedado no Ambos Mundos. Em março de 38, voltou à Espanha para seis semanas, contratado pela mesma agência. Entre outros correspondentes, seguia em seu navio o jovem Jim Lardner, filho de Ring Lardner, aquele jornalista esportivo de Chicago que Ernie imitava no jornal da escola de Oak Park. Como dever literário, Hemingway levava as provas de todos os seus contos, que Scribner's pretendia lançar no outono reunidos em um só volume. De passagem, quase não demorou em Paris. A 31 de março, já estava na Gare d'Orsay embarcando para Perpignan, de onde seguiu de carro para Barcelona. Retomou as aventuras de guerra, enviou matérias para a NANA e voltou a Paris em maio, com Martha. Aí, encontrou Evan Shipman, Freddy Keller e Marty Hourihan, que tinham passado maus momentos para sair da Espanha. Evan havia sido até preso, em Perpignan. Hemingway os levou às corridas de Longchamp, ofereceu-lhes jantares na Lipp e os apresentou a Sylvia, na Shakespeare and Company. (Sylvia continuava sua mais afetuosa e fiel referência parisiense.) Voltou a Nova York, de novo pelo Normandie. No dia primeiro de setembro, partiu outra vez para a França, no mesmo navio.

Em Paris, trabalhou alguns contos já começados, um novo romance e caçou faisões com Ben Gallagher na reserva de Sologne enquanto, em Nova York, a Scribner's lançava *Os Primeiros 49 Contos e A Quinta Coluna*, um volume reunindo as histórias curtas e uma peça de teatro. Os contos foram elogiados pelos críticos. Na verdade, os contos de Hemingway agradam a todos os críticos literários, mesmo àqueles que desprezam seus romances ou o estilo de vida do autor. Em *A Quinta Coluna*, com ação na Guerra da Espanha, Paris é citado como um lugar de paz e felicidade, onde os personagens Dorothy e Philip, se fugissem da guerra, poderiam ficar no hotel "Crillon, ou no Ritz, e, no outono, quando as folhas caíssem das árvores do Bois e o tempo estivesse frio, partiríamos para as corridas de Auteuil e nos aqueceríamos junto daqueles grandes braseiros do *paddock*, e veríamos os animais saltarem por sobre as valetas de água e os velhos muros de tijolos". A montagem do espetáculo na

Broadway foi fracasso. Difícil é entender que a editora tenha juntado num mesmo volume todos os contos de Ernest Hemingway com uma peça de teatro, trabalho inédito e num gênero em que o autor era novato. Essa edição causou também o fim editorial dos livros de contos publicados anteriormente. Depois disso, nunca mais foram reeditados *Em Nosso Tempo*, *Homens sem Mulheres*, *O Vencedor Nada Leva*, livros que marcavam cronologicamente o processo de criação do contista assim como as fases existenciais do escritor. (Após sua morte, sucederam-se publicações de antologias sob os mais diversos critérios de seleção e reunião.)

No começo de novembro, chegando a Barcelona, Hemingway soube que as Brigadas Internacionais haviam sido retiradas das primeiras linhas desde setembro e que Jim Lardner havia morrido. Voltou a Paris e deu por terminada sua participação na Guerra Civil, uma matança a que assistiu de perto, penetrando no universo da guerra em muitos dos seus aspectos: alistamento de recrutas, racionamento, fuzilaria, bombardeios aéreos, rajar de metralhadoras, pessoas feridas e mortas, debandadas, retiradas estratégicas... Dessas coisas, deu conta em seus despachos para a imprensa. O resto, detalhes de horror, cenários e destruições, deixou guardado em sua memória afetiva. Tudo terminado, com a vitória de Franco, fechava-se para ele o acesso à Espanha, uma terra aonde fora quase todos os anos, desde 1923. Se estava triste pela situação do país que amava, também saía abalado no seu catolicismo pois assistira ao espetáculo da Igreja apoiando Franco. Ao chegar em Havana, pesando 91 quilos, recebeu carta de Pauline dizendo-lhe que não seria bem-vindo, se fosse a Key West.

Tendo a Guerra Civil como tema, Hemingway, além de ter escrito reportagens para a imprensa, participou da produção de um filme documentário, *A Terra Espanhola*, escreveu aquela peça de teatro e o mais longo dos seus romances: *Por Quem os Sinos Dobram*. Com toda a ação ocorrendo durante as lutas, *Por Quem os Sinos Dobram*, escrito em dezessete meses, veio com a dedicatória "este livro é para Martha Gellhorn". Foi sucesso imediato, de crítica e venda. Em memória de seu pai, Hemingway incluiu num dos momentos de lembranças de Robert Jordan, o personagem central, aquele antigo instante em que doutor Clarence Hemingway foi levá-lo à estação, quando o garoto partia para Kansas City, e o beijou e disse: "Que o Senhor vele por ti e por mim enquanto estivermos longe um do outro". A epígrafe e o título do romance, que se tornou tão popular quanto um provérbio, foram extraídos de *Devotions upon Emergent Ocasions*, do poeta inglês John Donne.

Terminado o livro, passando uma temporada em Sun Valley, estância de férias perto da cidade de Ketchum, Idaho, Hemingway aceitou que Clara Spiegel, que era casada com um velho companheiro do tempo das ambulâncias na Itália, o ajudasse a botar em dia a correspondência. Durante o trabalho, uma vez, falando sobre suicídio, assunto que sempre reaparecia em suas conversas, propôs a Clara um pacto de honra: se um dia, algum dos dois estivesse tentado, devia avisar o outro. Assustada, Clara não concordou e jamais esqueceu a proposta. (Um pacto parecido será feito mais tarde com Bumby, o filho mais velho, e Bumby aceitará, mas o pacto será quebrado pelo próprio Hemingway.)

Por Quem os Sinos Dobram foi lançado a 21 de outubro de 1940, em tiragem de 75 mil exemplares, num momento em que estava sendo tratado o segundo divórcio de Hemingway. A situação afetiva do casal que agora se divorciava era bem diferente daquela outra, vivida por Hadley e Ernie, quando Ernie era pobre e desconhecido, amava a esposa e era amado por ela. Agora, tudo estava sendo tratado por advogados. Hemingway era já um homem de posses, escritor de fama internacional e já não amava Pauline. Chegou-se afinal a um acordo sobre as questões financeiras, guarda dos filhos e outros detalhes. No dia 5 de novembro, oficializou-se o divórcio. Dezesseis dias depois, Hemingway casava-se com Martha Gellhorn, também nascida em St-Louis, como Hadley, e nove anos mais nova que ele. Depois de quase quatro anos vivendo como amantes, casaram-se numa cerimônia civil e simples, em Cheyenne, Wyoming, bem longe de câmeras e repórteres. Pela primeira vez, ele se casava sem bênção religiosa e com uma mulher mais nova. Com esse novo casamento, voltava a intensificar-se nele a esperança de ter uma filha.

O casal se fixou em Cuba, onde Hemingway comprou a Finca Vigía, uma quinta com casa e terreno de 43.345 metros quadrados, situada no povoado de São Francisco de Paula, a cerca de quinze quilômetros do centro de Havana. Conforme ata de compra e venda, a herdade custou dezoito mil e quinhentos pesos cubanos; doze mil e quinhentos dólares, segundo o biógrafo Carlos Baker.

Mais ainda que a de Key West, a nova casa de Hemingway, com piscina, estábulo e quadra de tênis, era cercada de verde: uma grande paineira, flamboyants, palmeiras, bananeiras, abacateiros, tamarindos e mangueiras, com dezoito variedades de manga, além de samambaias, horta e jardim. Ele construiu ainda garagem, rinha para brigas de galo (chegou a criar vinte galos de briga) e uma torre, onde pretendia isolar-se para trabalhar, mas que terminou servindo de morada para os 57 gatos que terá um dia. A Finca tornava-se assim o novo aconchego do escritor ermitão. Um abrigo fechado a estranhos; mais que a casa de Key West e mais que o seu quarto no Hotel Ambos Mundo, de Havana.

Logo que o casal mudou-se para lá, o jardineiro que trabalhava para o antigo proprietário foi demitido. Desolado, o homem suicidou-se pulando dentro do poço. Passaram-se alguns dias até seu corpo ser encontrado. Há quem diga que o poço dava água de beber aos donos da Finca; outros dizem que sua água era só para encher a piscina. Resta a dúvida se Hemingway e Martha beberam da água do poço desse suicida antes que o corpo fosse encontrado ou se apenas se banharam nela.

Foi-não-foi, o suicídio continuava reaparecendo ao redor de Hemingway como uma verdade, uma atitude, uma opção. Ao saber que Ezra Pound andava fazendo transmissões pelo rádio em favor de Mussolini, Hemingway ponderou que Ezra estava maluco e que devia ter se suicidado depois do *Canto Número Doze*. Noutra ocasião, disse a Martha que o suicídio não devia ser repudiado quando as coisas iam muito mal e explicou-lhe detalhadamente como colocar o cano da espingarda sob o queixo e acionar o gatilho com o pé. Por essa época, já estava se tornando comum chamarem aquele homenzarrão de *Papa*, o que seus filhos faziam há muito tempo. Martha às vezes o chamava *poppa*; diz-se que com um certo tom de humor e ironia.

No começo de 41, ele escreveu a um amigo que *Por Quem os Sinos Dobram* estava vendendo "que nem daiquiris gelados no inferno". Então, nada melhor como lua de mel do que uma nova temporada em clima de guerra. Para isso, a jornalista Martha Gellhorn e seu marido seguiram para o Oriente a fim de cobrir o previsível conflito China-Japão. Durante três meses, estiveram no Havaí, na China e nas Filipinas. Mas a Segunda Guerra já estava em andamento na Europa e, logo no início, Paris havia caído nas mãos dos alemães. Se, para ele, perder a Espanha já havia sido cruel, o que dizer de ficar sem Paris?

E por quatro anos, Paris viveu sob o inferno da ocupação alemã. Tudo alterou-se por toda a cidade. A bandeira francesa, o *drapeau bleu-blanc-rouge*, foi proibida e substituída por bandeiras vermelhas com a suástica pendendo do alto dos prédios oficiais. Um governo alemão instalou-se na cidade para administrar a região parisiense. Houve desfile nazista nos Champs-Elysées, visita de Adolf Hitler, submissão, colaboracionismo, delação e resistência. Os grandes hotéis e todos os prédios públicos foram requisitados. No Ritz, hospedavam-se as personalidades mais importantes do nazismo e seus convidados em visita a Paris. A hora dos relógios foi mudada para igualar-se ao horário da Alemanha. Ruas com nomes de judeus tiveram seus nomes trocados. Placas de trânsito foram substituídas por outras, escritas em alemão. Com o racionamento e a falta dos produtos de primeira necessidade, o mercado clandestino tomou conta da população. Oitenta mil judeus saíram do campo de Drancy, nos arredores da cidade, a caminho dos campos de concentração no leste da Europa. Oitocentos mil franceses foram enviados para a Alemanha a fim de trabalhar sob regime escravo.

Como os alemães tinham poder sobre tudo e todos, Sylvia Beach, a das lindas pernas, pressentiu que algo horrível poderia acontecer a ela e à sua livraria. Escondeu os livros preciosos antes que fossem confiscados. Cruelmente, apesar de sua cidadania americana, Sylvia foi presa e enviada para um campo de prisioneiros. Conseguiu ser libertada seis meses depois graças à intermediação de um amigo junto ao governo colaboracionista de Vichy. Com a Shakespeare and Company fechada, a Rue de l'Odéon não era mais aquela Rue de l'Odéon dos velhos tempos.

O mesmo quase aconteceu também com Gertrude Stein e Alice Toklas. Certamente teria acontecido se elas não tivessem saído de Paris logo no início da ocupação. Numa atitude de risco, porém, preferiram ficar na França. Era uma decisão realmente perigosa pois que eram judias, ela e Alice. Como não eram praticantes e tinham cidadania americana, Gertrude acreditou que não lhe fariam mal. Para não ficarem muito expostas em Paris, as duas retiraram de casa (moravam agora na Rue Christine) objetos de uso pessoal, um Picasso e um Cézanne. Fecharam o apartamento e partiram para a casa de campo deixando os móveis e várias obras de arte. Quando a casa de campo lhes foi tomada, seguiram para o sul da França, indo morar em Culoz. Aí, viveram mais tranquilamente pois o prefeito não as denunciou quando os nazistas deram de prender judeus naquela região. Mas tais notícias, certamente, não atravessavam o Atlântico. Hemingway talvez de nada soubesse, envolvido que estava em sua mais atrevida bravata, a de declarar guerra pessoal aos alemães e persegui-los pelas águas do Golfo.

Libertação da cidade amada

Nada mais pude dizer então pois senti uma estranha sufocação na garganta e tive de limpar os meus óculos porque, diante de nós, pardacenta e sempre bela, estendia-se agora a cidade que eu mais amo em todo o mundo.

– *Como Chegamos a Paris*, reportagem

Ernest de la Mancha Hemingway, logo depois que os Estados Unidos entraram na guerra, lançou-se em nova situação de perigo; uma situação rigorosamente quixotesca e, de um certo modo, suicida. Felizmente (pelo menos, para mim), não chegou ao extremo de dar de cara com os alemães, como o Quixote e as pás do moinho.

Depois de mais de dez anos de pesca profunda, ele era já um experiente pescador nas águas do Golfo, cuja profundidade chega a mais de quatrocentos metros, e possuía um vasto conhecimento daquelas águas, ilhas e canais. Ouvindo a notícia de que submarinos alemães andavam vasculhando esse pedaço de mar entre Cuba e os Estados Unidos, decidiu empregar seu conhecimento e sua coragem contra os alemães e, sabe-se lá com que argumentos, o quixotesco Ernest de la Mancha Hemingway conseguiu convencer o governo americano de que, se equipasse o Pilar com armamento e explosivos, deixando-lhe a aparência de barco de pesquisa hidrográfica, poderia localizar e atrair os submarinos e explodi-los. Nenhuma de todas as suas outras tarefas de guerra fora tão audaciosa (ou maluca?).

O plano era percorrer as águas contornando ilhas, enveredar-se por canais, até avistar algum submarino e, então, atraí-lo para contato. Quando estivesse muito próximo, trataria de explodi-lo. Persuadidas, as autoridades americanas aprovaram e financiaram a tarefa. O Pilar foi reformado nos estaleiros da Marinha de Guerra de Cuba e voltou abastecido de fuzis antitanques e bazucas. Assim, do verão de 42 até o começo da primavera de 44, Ernest de la Mancha, deixou a mulher em terra e, no Pilar carregado de armas e explosivos, varou as águas do Golfo ansiando por submarinos. Pela primeira vez, o caçador de animais perseguia homens. Passando longas temporadas a bordo, exposto ao sol, para proteger a pele, deixou novamente barba e bigode crescerem. Em meio a tais cruzeiros de perseguição, escreveu o prefácio para *Homens na Guerra*, uma coletânea reunindo os seus contos de guerra. Com o casamento já desandando, Martha não quis ficar na Finca, se podia estar na Europa, no meio da guerra, buscando a notícia. Afinal de contas, era repórter. E possuía um sentido de liberdade e rebeldia que as duas mulheres anteriores não haviam demonstrado, parecendo jamais ter se submetido a todos os caprichos do marido. Os dois viveram muitos momentos de bate-boca, tensão e revide. Certa vez, depois de uma discussão em Havana, ele partiu no carro deixando a mulher sem condução. Outro dia, como Martha insistiu em dirigir porque ele estava bêbado, Hemingway a esbofeteou. Martha reduziu a velocidade para uns quinze quilômetros e atirou o carro numa vala. Ali deixou o marido sozinho e voltou a pé para casa. E ele devia estar bem grogue.

Pois se deu que Martha resolveu partir para a guerra. Era demais. Como ficar no Golfo, caçando submarinos que não apareciam, se tudo estava acontecendo mesmo era no velho e amado continente europeu? Como ficar, se Paris continuava sob ocupação e talvez estivesse precisando dele? Se até sua mulher queria estar lá, no centro dos acontecimentos? Era o jeito sair do mar. Sem que avistassem qualquer submarino algum, a missão foi cancelada e o Pilar passou por nova reforma, voltando à feição anterior.

No começo da primavera de 44, Hemingway assinou contrato com a revista *Collier's* para atuar como correspondente de guerra. Martha, trabalhando também, partiu na frente e ele a encontraria em Londres. Dias depois, ele seguiu em missão, aquela que lhe daria a oportunidade de viver sua mais heroica aventura de guerra: desembarcar com os aliados na Normandia, marchar em direção a Paris e chegar lá no mesmo momento em que a cidade amada se libertava dos alemães. Por essa época, já usava óculos; a barba do lobo do mar continuava crescida, mesclada de pelos escuros e brancos. Pesando cerca de cem quilos, esboçava-se a imagem que se tornaria mais conhecida, a do grandão Ernest Hemingway. Uma imagem perfeita para o personagem do momento: Mister Ernest Hemingstein.

O heroico Hemingstein entrou na cena da Segunda Guerra Mundial chegando a Londres, cidade que ele não conhecia, mas que logo passou a chamar "velha e querida Londres". Sem que ainda houvesse encontrado Martha, hospedou-se no Dorchester, hotel de luxo, popularmente chamado The Dorch. Certo dia, almoçando no White Tower, no Soho, um restaurante frequentado por militares e jornalistas estrangeiros, conheceu Mary Welsh, repórter de moda que trabalhava para o grupo Time-Life e que também fazia crítica de cinema. Era uma loura, tipo mignon, nascida no Minnesota, casada com o jornalista australiano Noel Monks, mas que estava vivendo um caso com Irwin Shaw. Aos trinta e um anos, Shaw era um escritor que estava em Londres como soldado, trabalhando na equipe de Georges Stevens, o diretor de cinema, que filmava uma cobertura oficial da guerra.

Hemingway e Mary Welsh logo se tornaram íntimos. Sem perda de tempo, fizeram-se namorados. Pela primeira vez, ele estava apaixonado por uma mulher casada; pela segunda vez, aparecia-lhe um amor quando seu casamento já desandava. Shaw foi descartado por Mary, mas o novo amante continuou a tratá-lo como rival. Nem tudo, no entanto, tinha de andar muito bem para o grandão em terras inglesas. Pois aconteceu que, em certa noite daquele fim de maio, Hemingway voltava de carro para o hotel quando foi surpreendido por mais um acidente; o segundo dos mais graves e, dessa vez, sem que ele fosse o agente causador. O automóvel bateu violentamente contra um carro-pipa. Seus joelhos quase se arrebentaram no painel e a cabeça, no para-brisa. Resultado: joelhos luxados, cinquenta e sete pontos na cabeça e alguns dias numa clínica, com uma bandagem envolvendo-lhe o crânio como um turbante. As pancadas o atingiram em dois pontos há muito tempo vulneráveis: a cabeça, das velhas dores de cabeça, e os joelhos, que haviam sido quase dilacerados na Primeira Guerra. O acidente de Londres, claro, foi notícia na imprensa internacional. Há muito, Ernest Hemingway era uma estrela, mesmo não sendo do *show business*.

Na London Clinic, ao receber a visita da esposa, percebeu que o casamento realmente já fracassara. Isso tudo e mal havia chegado a Londres, onde seu irmão mais novo, Leicester, estava também trabalhando, como cinegrafista de guerra. Durante a recuperação, as antigas dores de cabeça ficaram mais fortes, mas não foram levadas muito em conta pois Hemingway estava fazendo o que sempre soube fazer: entregar-se a um novo amor. Apaixonado, escreveu um *Primeiro Poema a Mary em Londres*, declarando que "meu coração, minha amada, foi devorado por uma tartaruga do mar..."; afirmando que vivia naquela cidade "com minhas dores de cabeça / que me são fiéis e jamais me traíram ou me enganaram" e pranteando que era "um homem só sem seus filhos nem seus gatos" (...) "doente e só sem o mar nem meus amigos". Desde a juventude, quando deixara o Michigan para trás, seus períodos de solidão sempre foram indesejados e serão sempre os seus piores momentos. Para ele, a solidão só é procurada e necessária enquanto escreve, mas, mesmo assim, sabendo que há pessoas queridas do outro lado da sala, sobretudo a mulher amada, e sabendo que basta levantar-se e andar um pouco para estar com elas.

Dia dois de junho, não de todo restabelecido, mas de barba raspada e ostentando um bigode escuro, ao saber que a invasão dos aliados estava próxima, conseguiu ser levado para a costa sul, de onde partiria a armada. Precisava, como sempre, estar onde as coisas aconteciam. E esteve. Na noite chuvosa de 5 de junho, segunda-feira, embarcou no Dorothea M. Dix, um navio carregado de soldados. Objetivo: atravessar o Canal da Mancha e desembarcar em Green Fox, um pequeno trecho da praia que o plano de ataque denominara Omaha, na costa da Normandia, ao mesmo tempo em que uma outra tropa americana e as tropas inglesas e canadenses desembarcassem em quatro outras praias da mesma costa. O que poderia haver de melhor para o espírito de Ernest Hemingstein, assim como para a lenda de aventura e perigo que já se criava em torno dele, do que atravessar o Canal da Mancha e participar do desembarque dos aliados no Dia D, *le Jour J*, para os franceses?

Noite mal dormida de milhares de soldados pelas águas do canal em alvoroço. Mau tempo. Enjoo. Goles de café quente, até que amanheça, quando os homens são desembarcados.

Isolada das demais praias de desembarque por alguns quilômetros de penhascos, Omaha era a mais bem preparada para a defesa, não só pelos soberbos penhascos como por um intrincado labirinto de minas, obstáculos de aço para tanques e 35 casamatas com alemães armados de granadas, rifles e metralhadoras com que podiam varrer a praia.

Em matéria publicada na Collier's de 23 de junho de 44, Hemingway descreve o desembarque em Green Fox, pequeno trecho de Omaha, sob o fogo cruzado das casamatas e dos canhões de cinco polegadas dos contratorpedeiros aliados. (Esse desembarque é o que Steven Spielberg recriou durante uns quinze minutos no início do filme *O Resgate do Soldado Ryan*, de 1999.)

As seis primeiras levas de pracinhas foram massacradas. Milhares de corpos jaziam sobre a areia quando Hemingstein chegou à praia, às sete da manhã. A recepção era muito mais violenta do que até mesmo o herói poderia ter imaginado. Diante da gravidade, o tenente Anderson decidiu levá-lo de volta para bordo e fazê-lo regressar à Inglaterra. Acabava assim o Dia D do nosso ianque de estimação. Mas ele estivera lá. Ninguém lhe contou. O balanço das barcaças no mar agitado, o medo e a coragem dos soldados, o salto na água rasa, a corrida pela praia por entre milhares de mortos e feridos, as balas luminosas das metralhadoras e o barulho da morte que vinha das casamatas e dos navios... não; ninguém lhe contou. Ele esteve lá. E viu. E voltou sem ferimento algum.

De regresso a Londres, continuou o namoro com Mary Welsh. Estava apaixonado, e não se sentia traindo Martha. Mas não era de ficar apenas namorando se as coisas estavam acontecendo intensamente do outro lado do canal, onde os aliados reconquistavam palmo a palmo as terras da Normandia seguindo a caminho de Paris.

Os alemães, em meados de junho, haviam começado a bombardear a Inglaterra com as bombas voadoras V-1. Certo dia, durante o café da manhã no quarto do hotel, uma delas apareceu já muito próxima, mas explodiu antes de alcançar o Dorch. Para não ficar parado, naquele resto de mês, Hemingway visitou a base da RAF, de onde partiam os aviões interceptadores das V-1; participou de uma missão de ataque no assento do co-piloto de um Mitchell, bombardeiro bimotor que os ingleses usavam para atingir as plataformas de lançamento das bombas voadoras; vestiu uniforme de campanha da RAF ao visitar a Brigada de Assalto 140, formada por aviões Mosquitos e fez um voo experimental num desses aviões. Claro que há documentação fotográfica de todos esses acontecimentos. Enquanto isso, Bumby, aos vinte e um anos, também estava em ação na Europa, servindo no OSS (*Office Strategic Service*), organismo que, anos depois, se chamará CIA. Por fim, a 18 de julho, Hemingway regressou à Normandia, desta vez integrado a uma das divisões blindadas do general Patton. Logo preferiu a 4ª divisão de Infantaria. Como correspondente de guerra, a Convenção de Genebra proibia-lhe o uso de armas e o obrigava a estar sempre com a insígnia de imprensa presa à roupa

O desembarque no norte francês foi sereno, sem alemães que perturbassem. Embora a Normandia ainda não estivesse de todo tomada, as batalhas mais duras já haviam sido feitas. Muitas cidades ainda continuavam em poder dos nazistas e o avanço era lento. Descendo pelo noroeste da França, Hemingway, o repórter, seguiu com o 22° Regimento, sob o comando do coronel Charles T. Lanham. Destino: Paris.

Em constantes choques com alemães, o Regimento conquistava cidades e aldeias, fazendo prisioneiros e interrogatórios. Súbito, Hemingway deu consigo participando diretamente das tarefas. Era Hemingstein em ação. Sua rapidez de raciocínio militar assim como a facilidade com que absorvia informações e observava um terreno surpreendiam os oficiais. Fazendo amigos em várias patentes, encontrava sempre um jeito de conseguir uísque ou vinho por onde passasse e metia-se em situações de fanfarronice cuja intensidade nem todos os seus biógrafos acreditarão. Certo dia, conheceu um brasileiro que odiou desde o primeiro momento: era um correspondente de guerra chamado Nemo Lucas, a quem simplesmente passou a chamar Brazilius.

A caminho de Paris, atravessou cidades e aldeias como St-Lô e St-Pois, que estavam sendo tomadas pelos aliados, e alojou-se alguns dias no místico Mont-St-Michel. Nas horas vagas, escrevia e mandava matérias para a revista. São textos vivos, carregados de diálogo, revelando mais o rolar dos acontecimentos do que analisando o andamento da campanha. De Chartres (que ele conhecia muito bem pois, nos anos vinte, costumava ir lá de bicicleta), desviou-se por Maintenon até Rambouillet, a apenas 48 quilômetros da cidade amada. Já desligado do Regimento, seguia agora num jipe, ao lado de um cabo que lhe fora designado como motorista. Encontrando cerca de dez resistentes que andavam sem liderança, rapidamente se fez líder e assumiu o comando daqueles *partisans*, passando a ser obedecido por eles como se fosse oficial de alta patente. (Soa muito estranho que um grupo da Resistência Francesa andasse vagando assim, sem liderança, às vésperas da libertação de Paris, quando toda a Resistência Francesa há muito possuía coordenações nacional e regionais.) Chefiando as atividades do grupo, deu-lhe ares de uma força-tarefa e seus *partisans* só o chamavam Hemingstein, espantados que não fosse um general. Em pouco tempo, esses homens aprenderam a antiga cançãozinha de Bumby e avançavam pelos campos franceses cantando *Dix bis Avenue des Gobelins c'est là qu'habite mon Bumby*.

Dia 20 de agosto, em Rambouillet, Hemingstein ocupou dois quartos no Hôtel du Grand Veneur. Daí, com seus homens, deu de organizar patrulhas, interrogar franceses e conseguir informações sobre a posição de alemães pela estrada. Encontrando os destroços de uma patrulha americana dizimada, apoderaram-se das fardas e se vestiram com elas. Hemingway já em nada se parecia com um jornalista, repórter de guerra. Armado de pistolas e granadas, sequer usava a insígnia. Se, quando jovem, não fora aceito como soldado por causa da vista, agora, provava a si mesmo que uma visão perfeita não é assim tão essencial a um soldado em tempo de guerra. Seus dois quartos no hotel tomaram ar de pequenos arsenais, tantos eram os vários tipos de armas, granadas e munição, além, é claro, de vinho, uísque e conhaque. Hemingway tinha então um único objetivo: chegar a Paris e sem ferimento algum.

O Terceiro Exército, do general Patton, já estava pronto para marchar sobre a capital pelo norte quando veio a notícia de que Paris seria libertado pela Segunda Divisão Blindada Francesa, comandada pelo general Philippe Leclerc, que entraria pela zona sul da cidade. Patrulhas dessa Divisão começaram a passar por Rambouillet em direção a Versalhes enquanto os parisienses esperavam com ansiedade, pois há uma semana enfrentavam os alemães com greve geral, barricadas e guerrilha. Na manhã de 24 de agosto, debaixo de muita chuva, começou afinal a marcha de Leclerc rumo a Paris. A coluna de blindados seguia lentamente, aqui e ali enfrentando grupos alemães em retirada. Depois de intenso choque com a artilharia nazista no Bois de Boulogne, foi resolvido que a força entraria em Paris na manhã seguinte, sexta-feira, 25 de agosto.

É difícil afirmar o momento em que realmente Hemingway entrou em Paris com seu grupo destacado. Dia 25, é certo. Mas ao mesmo tempo que as tropas do general Leclerc? Ou antes delas? Muitos biógrafos acham que foi fanfarronice dele afirmar que chegou antes de Leclerc. Mas é certo que chegou de jipe com aquele grupo de subalternos mais o coronel David Bruce e o tenente-coronel Marshall, que ocupava o cargo de historiador oficial do exército americano. Também é certo que o grupo seguia destacado da Divisão de Leclerc e foi assim que entrou em Paris. A felicidade que tomou conta do escritor quando viu Paris ao longe está descrita no parágrafo final de sua reportagem *Como Chegamos a Paris*.

A avenida de entrada foi a Avenue Foch, ligação da Porte Dauphine com a Place de l'Etoile, a mais larga de todas as avenidas de Paris, com 120 metros de um lado ao outro. Hemingway entrou portanto pelo luxuoso *16e arrondissement*, dirigindo-se ao Arco do Triunfo.

Encontrou Paris em clima de fim de guerra e felicidade, expulsando os últimos alemães. As ruas estavam cheias de gente e atravancadas por mais de seiscentas barricadas erguidas por toda a cidade. Pracinhas e oficiais eram abraçados e beijados por homens, mulheres e crianças. Gritos de *Vive la France!* atropelavam os versos da Marselhesa. Veículos abandonados ardiam em fogo. Diante de tanques alemães que interceptavam sua passagem, o grupo de Hemingstein recebeu ajuda de um tenente SPAHI (uma força argelina a serviço de França) para guiá-lo numa operação de contorno por ruas transversais. Numa dessas ruas, o grupo estacionou um momento e os rapazes conseguiram impedir que uma francesa fosse linchada por de ter dormido com soldados alemães. Chegando à Rue de Presbourg, no primeiro anel que contorna a Etoile, estavam diante da majestade do Arco do Triunfo, o mais importante monumento do país em honra da Liberdade.

Ver o Arco do Triunfo causa um grande impacto ao visitante em sua primeira viagem. Visitá-lo, pisar e tocar suas pedras, provoca uma emoção ainda maior e maior fruição estética. O trânsito atual na Place Charles de Gaulle, a Etoile, onde fica o Arco, é constante, sem brechas, como se fosse parar jamais. A praça tem 340 metros de diâmetro e o fluxo em círculo dos carros dá-lhe um toque de carrossel tendo o Arco no centro como uma ilha de pedra exalando cheiro de guerra e morte, enaltecendo Liberdade e Paz. Depois da Catedral de Notre-Dame, é nesse monumento que a história moderna da França mais se expõe, revelada ao sol, à chuva, ao vento, à neve e à visão diária de milhares de visitantes. Embora tenha menos de dois séculos, a solidez de sua construção e o símbolo de resistência em que se transformou lhe deram uma grandiosidade histórica reforçada ao longo das guerras, derrotas e vitórias francesas dos últimos 160 anos.

Esse "gigantesco altar da Pátria", como diz Jacques de Lacretelle, funde história, beleza e simbologia numa dimensão que só a Catedral supera. Tudo no Arco é claro, límpido, sem subterfúgios ou códigos que necessitem de interpretação. Erguido em louvor da *Grand Armée*, para louvar as vitórias de Napoleão Bonaparte, e em homenagem aos seus generais, o Arco precisou de trinta anos para ficar pronto. Iniciado em 1806, a partir de projeto do arquiteto Jean-François Chalgrin, teve a construção interrompida depois do fracasso de Napoleão e só foi retomada em 1832, pelo Rei Luís Filipe, que o concluiu.

A passagem subterrânea que dá acesso ao Arco torna delirante o impacto da aproximação. Você é um quase nada ao pé dos cinquenta metros verticais de pedra clara onde há de se sentir envolvido por parte da História do Mundo e mergulhado no Espírito Universal da Liberdade. Apesar do nome, a estátua de Nova York não exala esse espírito tanto quanto o Arco de Paris, duas vezes ultrajado e duas vezes reconquistado em honra e glória.

O alto-relevo *A Partida dos Voluntários*, obra-prima do escultor François Rude, na coluna direita da fachada do Arco, dando para os Champs-Elysées, é popularmente chamado *La Marseillaise*. Nele, uma gloriosa figura alada incita os voluntários à luta em defesa da Pátria, sob o canto do Galo Gaulês, símbolo mais remoto do Espírito Guerreiro do Povo de França. Mas os guerreiros convocados têm a aparência de gregos ou romanos da Antiguidade. Serão heróis mitológicos em defesa de sua cidade igualmente mítica? Ou guerreiros de Tróia lembrando a possível origem de Paris? (Como esquecer que a cidade tem o mesmo nome do príncipe troiano?) Qualquer que seja a opção aceita, são os voluntários defensores da Pátria, homenageados em Altar de Honra. No alto, coroando os arcos (são três: um central e dois menores, laterais), um detalhadíssimo friso em baixo-relevo tem como tema a partida e a volta da *Armée*, o antes e o depois das batalhas. Por toda a construção, paira o Espírito Napoleônico, lembrança do ideal de grandeza do Primeiro Império. Em 1840, os restos mortais do Imperador, conduzidos em carro fúnebre, cruzaram o Arco em cortejo a caminho dos Invalides, seu túmulo definitivo. Mas não foram nas vitórias e derrotas de Napoleão que o Arco do Triunfo encontrou o emblema de luta, honra e liberdade que ostenta. Para que se revestisse disso, atingindo a cidade e a nação, foram necessárias mais algumas guerras, outros ultrajes, violações e as consequentes vitórias e reconquistas.

Na noite de 31 de maio de 1885, o Arco do Triunfo recebeu o povo de Paris na mais grandiosa homenagem fúnebre, não militar, da história da cidade. Naquela noite foi velado, sob o Arco, o corpo de Victor Hugo, "o mestre das palavras francesas" (Maurice Barrès). Um crepe negro descia do alto do Arco. Uma Guarda de Honra, formada por doze jovens poetas franceses, destacava-se diante de cavaleiros de couraça portando archotes. Esses cavaleiros tentavam organizar a multidão que chegava por todas as avenidas, crescendo, crescendo, como se toda a França, em luto nacional, estivesse chegando para saudar "o mestre dos sentimentos universais" (André Maurois). Um pouco antes da aurora, aproximou-se o carro em que Victor Hugo seria levado em cortejo ao Panthéon. Era o carro que servia para o enterro dos pobres de Paris, "todo despido, todo negro, apenas com duas pequenas coroas de rosas brancas" (Romain Rolland).

Se a cerimônia de chegada das cinzas de Napoleão havia marcado o reencontro do Imperador com o seu povo no monumento francês que mais relembra a trajetória do Corso, a vigília de Victor Hugo assinalou definitivamente a emblemática do Arco do Triunfo como Altar Máximo da Honra e da Liberdade Nacionais.

Desde o fim da Primeira Guerra, a lembrança dos acontecimentos franceses referentes às lutas pela Liberdade passou a ter lugar no Arco do Triunfo. No solo, placas de bronze relembram vários momentos da História, desde o 4 de setembro de 1870, quando foi proclamada a Terceira República. Uma placa de 1918 assinala a reconquista da Alsácia-Lorena, região francesa que ficara quarenta e oito anos em poder dos alemães. Outra, mais simples, marca o túmulo do Soldado Desconhecido, inumado em 1920: *ICI REPOSE UN SOLDAT FRANÇAIS MORT POUR LA PATRIE*. Ao lado, arde a chama perpétua que, desde 1923, é realimentada às seis e meia da noite, se há bom tempo. Outras inscrições homenageiam os Combatentes da *Armée* e da Resistência *morts pour la France*, os militares também mortos pela França na África do Norte e os Combatentes da Indochina.

A emoção que tudo isso pode provocar depende da intimidade de cada visitante com a História, com a repulsa às guerras e invasões, com o Fantasma da Liberdade e com o Amor pela França. Por outro lado, subir ao terraço do Arco é usufruir da visão da mandala de ruas, prédios e árvores da qual você se faz o centro. Para um contato mais íntimo com o monumento, nada melhor do que desprezar o elevador e descer pela escada. Você há de parar no pequeno museu que reconta a história do Arco e verá, num cantinho, o discreto busto de François Rude, o escultor da Marselhesa e da estátua do Marechal Ney, aquela defronte da Closerie des Lilas.

Quando o grupo de Hemingway chegou ao Arco do Triunfo, conforme relato do coronel Bruce, o Túmulo do Soldado Desconhecido estava sob a guarda de seis veteranos, perfilados em posição de sentido, e de um ex-soldado em cadeira de rodas. Os recém-chegados subiram ao terraço e puderam observar o que acontecia em Paris: o Hotel Majestic em chamas; fumaça também no Hôtel de Crillon e na Câmara de Deputados; veículos incendiados pelo meio das ruas, alguns tanques em chamas e outros ainda abrindo fogo em diversos pontos. Imagine-se a dor de Hemingway vendo assim a cidade amada e também sua alegria por estar participando de sua libertação. Fez-se um brinde a Paris com champanhe e voltaram ao jipe. Seguiram então pela Avenue des Champs-Elysées, essa monumental avenida dos desfiles militares que foi sempre tão almejada pelos alemães. Em relação ao povo francês, os Champs-Elysées estão para as demais ruas de Paris como o Arco do Triunfo está para os outros monumentos: é a avenida da Grande Honra e da Liberdade. Embora os parisienses gostem de dizer que nunca vão aos Champs-Elysées, no *14 Juillet*, todo o trânsito ao redor da avenida é fechado desde cedo, o Metrô fecha as estações próximas às nove e meia, e cerca de um milhão de pessoas assistem ao desfile da *Grand Armée*. Mas, talvez o maior número de parisienses nessa avenida tenha sido o daquele domingo e daquela segunda-feira de julho de 1998, depois que a França venceu o Brasil em St-Denis e conquistou a Copa do Mundo.

A caminho do Hotel Ritz, que Hemingstein pretendia libertar e nele se hospedar, o grupo foi obrigado a uma parada no Café de la Paix, no *quartier* de l'Opéra, porque ainda havia fogo de armas leves. Mais tarde, nosso ianque há de dizer que também libertou o Clube dos Viajantes (Travellers Club), mas há quem diga que o clube sequer esteve ocupado. Finalmente, chegando ao Ritz, o hotel de Paris mais conhecido no exterior, Hemingway só encontrou alegria e paz: os alemães já haviam partido, sem cometer mal algum ao hotel. Embora tenham violado a cidade, os nazistas não causaram males físicos a Paris, salvo a obras de arte, sobretudo pinturas, que arrancaram de museus e roubaram ou queimaram.

Hospedando-se, Hemingway fez do Ritz o ponto de repouso do guerreiro, seu lugar de referência no final da guerra, pois ainda pegaria a estrada algumas vezes. Diz-se que logo ao chegar, pediu 50 doses de Martini para ele e seus homens. Não demorou, a notícia de sua presença espalhou-se pela cidade. Ele, que sempre havia sido um homem da *rive gauche*, estava agora sediado na Place Vendôme, pertinho da Bolsa de Valores, do Louvre e da Opéra, tornando-se uma personalidade do primeiro *arrondissement*.

As praças de Paris não se parecem umas com as outras, nem na forma (redondas, quadradas, retangulares), nem nas dimensões (enormes, grandes, pequenas, mínimas), nem na composição (com ou sem árvores, com ou sem jardim, com ou sem estátuas, com ou sem fontes) e nem mesmo quanto ao convívio humano, sendo algumas muito frequentadas por pedestres parisienses, outras só por turistas e outras apenas contornadas pelo trânsito de automóveis. A Place Vendôme, onde fica o Ritz, no número 15, é uma das mais distintas: não tem gramado ou fonte ou árvore ou banco para sentar; apenas uma estátua, a 44 metros de altura, no topo de uma coluna que imita a de Trajano, em Roma. É obra de Napoleão Bonaparte. Cerca de 1250 canhões apreendidos em Austerlitz, serviram para a execução dos relevos que sobem em espiral pela coluna contando os sucessos da *Grand Armée*. Com a queda do Imperador, sua estátua, vestido como César, foi substituída por uma de Henrique IV, que foi retirada para que voltasse a de Napoleão quando o Imperador

O escritor na cidade

Quartier Contrescarpe

Subindo a Cardinal Lemoine, você chega ao primeiro endereço do rapaz: 74, esquina da Place de la Contrescarpe, um lugar altamente ernestoico. Aqui, um bom visionário vê o escritor, aos 23 anos, sair de casa, atravessar a praça, descer a Mouffetard e chegar ao sobradinho onde se escondia para escrever. Sem as belezas esfuziantes de Paris, o *quartier* continua simples, o arvoredo alto, um café diante da fonte. Uma porta generosa para entrar no clima de Hemingway em sua aprendizagem de Paris. A pracinha foi cenário do conto *As neves do Kilimanjaro* e reproduzida no filme.

Pela Cardinal Lemoine
Metrô Linha 10
Estação Cardinal Lemoine

Pela Mouffetard
Metrô Linha 7
Estação Place Monge

Hoje, como há 100 anos

Endereço: 37, rue de la Bûcherie 75005 Paris
Horário: todos os dias das 12h00 às 19h30
Metrô Linha 4 Estação Saint-Michel Notre-Dame
Site: https://shakespeareandcompany.com

Incrível que uma livraria de mais de cem anos ainda exista e mantenha um certo quê do espírito de Sylvia Beach. Hoje fica na beira do Sena, defronte à Catedral. A *Shakespeare & Co.* exige a visita de todo amante de Paris dos velhos tempos. Na fachada, o letreiro é extensão do antigo, na Rue de l'Odéon. O amplo salão de livros nada tem a ver com as livrarias modernas. Estantes de prateleiras altíssimas envolvem o visitante num clima meio fantástico. Você até pode subir a escadinha e correr a livraria inteira que ninguém vai se incomodar com você. É um outro Paris dentro de Paris.

O Primeiro Café

Endereço: 171 Boulevard du Montparnasse, 75006 Paris
Horário: todos os dias das 12h00 às 14h15 • das 19h00 às 22h15
Metrô Linha 4 Estação Vavin
Site: https://www.closeriedeslilas.fr/en/

La Closerie des Lilas, no mesmo endereço de quando foi fundada há mais de um século, permanece como café mas hoje tem piano-bar e restaurante. Lugar de luxo, longe da ideia de estudantes pelas mesas fazendo deveres de escola. Turistas? Sim, sobretudo os que leram *Paris é uma festa*, que relembra o escritor morando na vizinhança e vindo todos os dias à Closerie. Aqui Paris lhe ensinou que se pode escrever num café e ele carregou isso para todos os bares futuros. Lembranças nostálgicas de Hem na Closerie ecoam como um agrado e um mimo aos seus leitores e adeptos.

Cafés de Montparnasse

De um lado do Boulevard, temos La Coupole e La Rotonde, em frente ao Balzac, escultura de Rodin. Do outro lado, Le Dôme e Le Select. Depois da Guerra de 14, todo mundo passou a ir aos cafés de Montparnasse e todos reinaram nos anos vinte com a frequência diária de artistas e estrangeiros que vieram morar em Paris. Cada café com seu restaurante e sua especialidade, de cozinha francesa a frutos do mar. Nos anos quarenta, mesmo com a imposição dos cafés de Saint-Germain pelos existencialistas, os de Montparnasse continuaram a ser show parisiense e atrair turistas por suas lendas carregadas de parisianismo.

Igreja de Saint-Sulpice

Em frente à Praça do mesmo nome, Saint-Sulpice é a igreja do quartier, frequentada pelos paroquianos, moradores da redondeza. Mas aí vem uma perguntinha: se nenhuma igreja entra na escrita de Hemingway, por que citar Saint-Sulpice num roteiro de seus lugares parisienses? Acontece que o escritor, ao se casar com Pauline Pfeifer, católica praticante, tornou-se também católico e passou a assistir à missa em Saint-Sulpice, uma igreja carregada de história e simbologias. Durante a Revolução Francesa, livrou-se de ser destruída porque ali passava o Meridiano 0, que depois foi substituído pelo Meridiano de Greenwich. É o lugar onde são realizadas as ordenações sacerdotais da Arquidiocese. Na fachada, uma torre diferente da outra; no interior, duas pinturas de Delacroix.

Endereço: Place Saint-Sulpice 75006 Paris
Tel.: +33 01 46 33 21 78
Horário: todos os dias das 8h00 às 19h45
Metrô Linha 4 Estação Saint-Sulpice
Site: www.paroissesaintsulpice.paris/

Manhattan em Paris

Harry's New York Bar é tido como um recanto de Manhattan no centro de Paris: 5, Rue Daunou. Lugar altamente ernestoico para os adeptos de Hemingway, ainda mais quando vazio, por volta do meio-dia de sábado, hora que abre, e pode-se andar pelo bar inteiro, o olhar pelas paredes. Foi assim minha primeira visita, somente eu e Roger, barman da época. Para o adepto sentir-se em casa, basta pedir um Bloody Mary, coquetel criado pelo Harry's há mais de cem anos, ou um Rum Saint-James, bebidas do velho Hem, e já se torna íntimo. A partir daí, é deixar-se envolver pelo clima de lembranças trazidas pelas fotos do escritor, expostas como relíquias.

Endereço: 5 Rue Daunou, 75002 Paris, France
Tel: +33 0 1 42 61 71 14
Horário: todos os dias das 12h00 às 1h00
Metrô Linhas 14, 3, 7, 8, 9 Estação Opera

Simplesmente o Ritz

Hôtel Ritz
15 , Place Vendôme, 75001
Telefone: 33 1 43 16 30 30
Metrô Linhas 1, 12, 14, 3, 7, 8
Estações: Pyramides, Opéra, Madeleine

Jamais entrei no Ritz, devido à aura de luxo e de hóspedes principescos. Nem sequer conheci o barzinho da Rue Cambon, que hoje se chama Bar Hemingway. Lugar definitivo do escritor a partir da libertação, quando Hem era já um homem rico, o Ritz fica num dos lugares mais belos da arquitetura parisiense, a Place Vendôme. No centro da praça, do alto da soberba coluna, Napoleão Bonaparte contempla a simetria das mansardas, as gloriosas joalherias e a plaqueta de que "aqui morou Frédéric Chopin". É marca na hotelaria internacional. Diária a partir de R$6.956,00.

E a festa corre mundo

São cinquenta e sete anos do lançamento de *Paris é uma Festa*, livro que revelou o profundo amor do homem pela cidade. Nele, o primeiro *insight* é a associação de Paris e felicidade, o lugar onde sempre se será feliz. Depois, "Paris devolve tudo de bom que você lhe fizer" e, por último, "Paris é uma festa móvel". Festa, no sentido de felicidade, e móvel, porque a cidade entranha-se em você e segue com você por onde quer que você vá. Mas esta é uma percepção anterior a Hemingway, já popularizada pelo cinema em *Casablanca*, no final, quando Rick (Humphrey Bogart) tranquiliza Ilsa (Ingrid Bergman) dizendo que "Nós sempre teremos Paris", ou seja, o lugar onde fomos felizes e que estará sempre dentro de nós porque "Paris é uma festa móvel".

retornou para os Cem Dias. Nos governos da Restauração, foi trocada por uma flor-de-lis até que viesse Napoleão outra vez, vestido de César, que ainda está lá.

A praça recebeu o nome em homenagem ao Duque de Vendôme, filho de Henrique IV, um dos mais populares e queridos Reis de França, com uma de suas amantes, Gabrielle D'Estrées. É quase um quadrado (224 por 213 metros) com os ângulos retos desfeitos, o que lhe dá a forma octogonal. A arquitetura que a contorna é um dos mais belos conjuntos da cidade. Construído em pedra rosada, entre 1702 e 1720, sob projeto de Jules Hardouin-Mansart, o mesmo que criou o domo dos Invalides, é composto por duas sequências de prédios cortadas por duas ruas, a de Castiglione e a de la Paix, que ligam a praça à Rue de Rivoli e à Place de l'Opéra. O térreo dos prédios é todo de arcadas com colunas exteriores que sobem até o último andar, unindo-se aos telhados de onde brotam as janelinhas das lucarnas. Juntinho do Ritz, no número 13, funciona o Ministério da Justiça. Do outro lado, estão algumas das mais luxuosas joalherias de Paris, e do mundo. O número 12 é o prédio em que Frédéric Chopin viveu seus últimos dias. Aí, esperou a visita de Madame Aurore Dudevant, dita George Sand, mas ela não veio, preferindo a serenidade do outono em Nohant.

Na tarde daquele mesmo dia em que Hemingway chegara, o General von Choltitz assinou a rendição, na Gare de Montparnasse, e Paris ficou definitivamente livre dos alemães. Terminava um dos mais tenebrosos e amargurados momentos da história da cidade. A Segunda Guerra começava também a caminhar para o final.

As matérias escritas pelo audaz ianque, publicadas na *Collier's* entre junho e novembro de 44, fizeram a cabeça de milhares de jovens americanos que viam seu grande romancista em ação, seu herói popular envolvido em perigosas situações de guerra e sempre vitorioso, como convinha a todo jovem patriota mergulhado no mais acalentado sonho americano, um sonho do qual só viria despertar quando afundasse nas florestas do Vietnã, vinte anos depois.

Ritz, o hotel

Paris está esplêndido, mas em péssima situação alimentar.

– *Carta ao filho Patrick*

Mary Welsh, a namoradinha de Hemingway, também chegou a Paris naquele dia, mas sem notícias do namorado. Indo hospedar-se no Scribe, encontrou o hotel já lotado de jornalistas. Depois de resolver o problema da hospedagem, no dia seguinte procurou o namorado e o encontrou no Ritz. E ficou; mas em quarto separado, para que se mantivessem as aparências. Afinal de contas, os dois eram casados com outros cônjuges. Nem se comentou sobre quem estaria pagando a conta de Mary em hotel de tanto luxo. Aquele dia seguinte foi o da grande festa da libertação de Paris, quando chegou Charles de Gaulle, houve te-déum em Notre-Dame e a grandiosa passeata da libertação pelos Champs-Elysées, com dois terços dos habitantes da cidade na avenida. Mas Hemingway parece pouco ter se interessado por isso. Não encontrei notícia de que tenha estado nos Champs-Elysées. Por outro lado, é difícil achar que não tenha ido, pois quase Paris inteiro esteve lá naquele dia.

Quando foi à Rue de l'Odéon, Sylvia Beach já havia voltado ao apartamento sobre a livraria, mas Shakespeare and Company estava fechada. Hemingway se pôs a gritar por ela. Como Sylvia não apareceu, outros moradores da rua botaram a cara de fora e se puseram também a gritar até que Sylvia apareceu e houve festa, beijos e abraços. Como alguns franco-atiradores alemães ainda estivessem perturbando o *quartier*, Hemingstein aproveitou para exibir seu comando de uma operação militar ordenando aos companheiros que descessem do jipe e subissem ao telhado e acabassem com aqueles velhacos daqueles nazistas. Houve tiroteio e depois houve silêncio. A partir daí, não se ouviram mais tiros na Rue de l'Odéon.

No primeiro dia de setembro, ele recebeu mensagem do coronel Lanham mandando que fosse "se enforcar", pois se estava lutando para valer no leste e ele não estava lá. Desafiado, Hemingway armou-se e deixou Paris num jipe rumo ao leste para juntar-se à guarnição de Lanham, mas o coronel já se encontrava para os lados da Bélgica. O percurso de Hemingstein não foi registrado em detalhes, mas crê-se que tenha seguido por Senlis, Compiègne, Laon, Mézières e Guise até encontrar

Lanham, em Pommereuil, no dia 3. Nessa viagem audaciosa e temerária, evitando estradas ainda ocupadas por blindados alemães, Hemingstein viu cinco bombas supersônicas do tipo V-2 cruzarem o céu em direção à Inglaterra. O coronel admirou-se de ele ter chegado vivo. Mas já não havia luta e, portanto, nenhum motivo para ficar. O guerreiro tomou o caminho de volta para a suíte 31 do Ritz.

Festa e alegria: Marlene Dietrich, que se encontrava em Chatou, arredores de Paris, pegou um jipe e foi vê-lo. Marlene conheceu Mary e se deram bem. Mas não demorou e Hemingstein deixou Paris de novo, dia 7 de setembro, desta vez com destino à Bélgica para juntar-se à Quarta Divisão. No seu grupo, reencontrou aquele brasileiro, a quem agora chamava Homo Brasilicus. Este brasileiro (ele que me desculpe, mas estou apenas dando a visão de Hemingway) era um chato que pedia tudo emprestado, até máquina de escrever. Mais alguns dias e passou a ser chamado Brazil Nut por um Ernest Hemingway que sequer suportava o exotismo de Carmen Miranda.

Surgiu então um problema complicado: Hemingway recebeu intimação para comparecer ao quartel-general do Inspetor Geral do 3° Exército, em Nancy, acusado de ter infringido a Convenção de Genebra abandonando a identificação de imprensa, vestindo farda, armando-se e lutando como soldado. Era Hemingway precisando prestar contas a respeito de Hemingstein. Dia 6 de outubro, apoiado por testemunhos dos coronéis Bruce e Lanham, declarou que nada daquilo era verdadeiro, negando todas as suas ações. Depois de um certo puxa-encolhe, conseguiu livrar-se da acusação de uma possível corte marcial. Ao voltar a Paris, houve um encontro com Martha Gellhorn que não foi nada cortês, mas pleno de discussão e grosseria. Ainda por cima, chegou a notícia de que Bumby estava desaparecido, talvez prisioneiro; talvez morto.

A 16 de novembro, partiu outra vez para o *front* a fim de cobrir a batalha pela floresta de Hürtgen. Retornou a Paris no fim da primeira semana de dezembro e pegou uma gripe forte. De cama, soube de uma nova ofensiva alemã contra o Exército americano, agora no Luxemburgo. Mesmo doente, cheio de agasalhos, dia 16, deixou Paris de novo, mas ao reencontrar a Quarta Divisão, a ofensiva já havia sido extinta. Teve que ficar de cama, hospedado na casa de um padre que, diziam, havia colaborado com os nazistas. Em suas explorações pela casa, encontrou várias garrafas de vinho de missa. Sentiu enorme prazer ao tomar esse vinho, urinar reenchendo as garrafas, tampá-las e colar rótulos: *Schloss Hemingstein, Safra de 1944*. Como se vê, sem Pauline, seu catolicismo não andava muito bem. No Natal, ainda doente, recebeu a visita de Martha. Novas discussões e contratempos. Por fim, saúde restabelecida, voltou para o Ritz no começo de janeiro.

Acertaram-se então os dois divórcios, o dele e o de Mary Welsh. Com isso, Martha Gellhorn saía da vida de Ernestino. Foi possivelmente o divórcio menos sofrido para ele, pois o casal já não se amava; Martha não lhe dera filhos e, como nas separações anteriores, Hemingway já estava apaixonado por outra mulher e sem qualquer sensação de culpa. Segundo Aaron Hotchner, Hemingway lhe dissera que Martha era muito ambiciosa, ganhava mais do que ele e "estava convencida de que teria um futuro melhor sem ele". De suas mulheres, foi a única a continuar seu trabalho profissional durante o casamento. Depois da separação, continuou a cobrir o final da guerra. Do ponto de vista de análise do conflito, suas matérias são consideradas melhores que as dele, que são mais pessoais e carregadas de emoção. Tempos depois, Martha ainda cobriu a Guerra da Coreia e a do Vietnã. Morreu no início de 1998, aos oitenta e nove anos de idade.

Depois de um longo tempo de angústia, chegaram ao Ritz as primeiras informações de que Bumby estava a salvo, embora prisioneiro num campo alemão. Tendo saltado de paraquedas no vale do Rhône, região da França ocupada, fora ferido e preso. Levaram-no para um hospital de prisioneiros de guerra perto de Hammelburg. Conseguiu ser libertado, mas foi preso novamente e enviado para o Stalag Luft III, de Nuremberg. Aliviado, Hemingway escreveu ao filho Patrick dando-lhe notícias e contando que a vida em Paris estava "terrivelmente cara". O dólar era trocado por cinquenta francos, quando ele achava que devia valer duzentos. Nenhuma das grandes obras de arte estava exposta. Talvez fosse preciso pelo menos um ano para que tudo voltasse ao normal. Até mesmo o Harry's, seu atual bar de estimação, junto com o bar do Ritz, até mesmo o Harry's sofria com a escassez, abrindo somente a partir das cinco da tarde e não tendo uísque nem gim, a não ser em lata.

Sem nenhum livro em andamento, Hemingway escreveu pouco durante essa temporada. Apenas reportagens para a revista, cartas e o *Segundo Poema a Mary*, com um recado no final: "Eu te escrevi cartas terrivelmente tediosas, querida, porque eu estava fatigado e vazio. E tudo o que eu tenho a te dizer que posso escrever é que te amo". Se, antigamente, talvez tivesse sido rejeitado pelos parisienses, agora recebia em sua suíte alguns dos mais importantes intelectuais do país e do exterior, gente como Jean-Paul Sartre, André Malraux, Simone de Beauvoir e George Orwell. Até mesmo um jovem sargento americano que estava servindo no Corpo de Contra-Espionagem foi visitá-lo: Jerome D. Salinger que, anos depois, ficará famoso como autor do livro *O Apanhador no Campo de Centeio*. Dessas visitas, há muitas e muitas versões, umas contradizendo as outras. O certo é que, enquanto fazia do Ritz um ponto de boemia chique, Ernest Hemingway fazia também da Place Vendôme um endereço literário. Marcel Duhamel, tradutor dos seus livros para o francês, foi um dos primeiros a procurá-lo no hotel. Talvez tenha sido ele que preparou a visita de Malraux.

Em 44, André já havia publicado *A Condição Humana*, com que recebera o Prêmio Goncourt, e *A Esperança*. (Apesar do sucesso de vendas, Hemingway jamais recebera prêmio algum.) Os dois haviam se conhecido durante a guerra da Espanha. Agora, o escritor francês era considerado um herói da Resistência. Havia comandado mil e quinhentos guerrilheiros em operações perigosas contra alemães e sempre tivera êxito. Na época em que foi ao Ritz, era o responsável pela brigada da Alsácia-Lorena sob o comando do general Leclerc. Os dois escritores tinham em comum, também, o fato de que seus pais haviam se suicidado, embora nenhum dos dois soubesse do caso do outro. (Em 1930, o senhor Fernand Malraux, dois anos depois da morte de doutor Clarence Hemingway, vedou portas e janelas de sua casa, abriu o registro do gás, pegou um livro de budismo e sentou-se a ler em sua poltrona.) Leicester, irmão caçula de Hemingway, também estava em Paris na ocasião em que Malraux foi ao Ritz e sua versão desse encontro é apenas de que os dois conversaram sobre lembranças de guerra. Há quem diga, porém, que foi uma espécie de disputa de feitos militares.

E Hemingway foi se deixando ficar no Ritz. Já não era o garoto de vinte anos dos velhos tempos. Mudara a cidade; mudara ele. Era um homem rico; escritor realizado; recém-saído do terceiro casamento; apaixonado por uma mulher que conhecera há poucos meses e pai de três filhos, embora nenhum morasse com ele. Se criava problemas no hotel, eram logo contornados e desculpados pela gerência. Afinal, antes de Ernest Hemingway, o Ritz jamais havia sido notícia pelos caminhos da literatura.

Essa temporada em Paris foi a mais longa, desde os velhos tempos. Durou do verão de 44 até o final do inverno seguinte, tempo em que Marlene esteve sempre com ele. Foram seis meses e alguns dias em que Hemingway refez seu amor pela cidade e agitou o Ritz recebendo visitas, oferecendo jantares e frequentando o bar do hotel. Atravessava o rio apenas para estar com Sylvia e para jantar na Lipp ou no Dôme. Bebia muito. Tornava-se agressivo quando bem queria e se desmanchava em desculpas caso agredisse alguém que amava, inclusive Mary, a quem agrediu feio certa vez e foi preciso muito "me perdoe" para que fosse novamente aceito.

Depois da libertação, Paris demorou a se tornar de novo parisiense. Paname (designação de Paris para os íntimos), Paname passara por muito sofrimento e era também de modo sofrido que convalescia. O reaparecimento dos jornais foi um dos primeiros marcos visíveis de que a cidade estava novamente livre. A imprensa de grande porte renascia, apesar da escassez de papel. Jornais impressos clandestinamente durante a ocupação, agora saíam às claras. *Le Figaro* circulou no primeiro dia da libertação, distribuído pelos bombeiros. O maestro Yehudi Menuhin regeu o primeiro concerto na reabertura da Opéra. O inverno 44-45 veio rigoroso. Faltava carvão para as fábricas, ferrovias e usinas de eletricidade. A escassez de carvão acentuou-se com a falta de gás. Havia cortes de luz e filas para tudo. Faltavam dinheiro, sabão, cigarros, bebidas alcoólicas. Gêneros de primeira necessidade estavam longe do alcance fácil da maioria dos parisienses. O mercado clandestino, que havia imperado durante a ocupação, retraiu-se tornando tudo ainda mais difícil. Cada família tinha um cartão de racionamento. A porção de carne fresca estava limitada a duzentos gramas por semana, a de manteiga a 270 e a de salsichas a 160 gramas. Sapatos custavam preços altíssimos assim como chapéus e outros produtos dessa natureza.

A mania do momento, quase uma obsessão para muita gente, era descobrir, delatar, humilhar e punir colaboracionistas. Essas punições públicas eram sofridas e, quanto mais sofridas, maior a alegria dos punidores. Em 45, o prêmio literário Fémina foi concedido aos intelectuais que, durante a ocupação, haviam mantido a editora clandestina Editions de Minuit. A maioria dos agraciados recusou o prêmio acusando os jurados de nunca terem tomado posição para combater o invasor ou seus cúmplices. Entre esses agraciados estavam Elsa Triolet, François Mauriac, Paul Éluard e Louis Aragon. E ainda reinava tristeza pelos oitocentos mil franceses levados para a Alemanha para trabalhar como escravos e que ainda não haviam regressado. Em meio a tudo isso, mais de quinhentos mil pracinhas e oficiais norte-americanos zanzavam pelas ruas de Paris. Para Simone de Beauvoir, esses soldados representavam "a liberdade encarnada". Eram bem nutridos e usufruíam de requintes com que os parisienses nem sonhavam, coisas como aquecimento e água quente, além de jantar com ovos, peixe, carne e pão na manteiga. Ainda por cima, dispunham de jipes para andar pelas ruas. Sempre tinham dinheiro no bolso e cigarros e chocolate. Coroando tudo isso, namoravam, namoravam, namoravam. A Place Pigalle nunca fora tão concorrida.

Jamais, porém, tiveram acesso às casas de família e não custou para que os parisienses percebessem que Paris não era o lugar deles. Com o tempo, passaram a ser desprezados, indesejados.

Certo dia, começaram a chegar os libertados do leste. Cruel espetáculo de terror. Vieram os prisioneiros de guerra, desembarcando entre aturdidos e felizes, doentes e enfraquecidos. Depois, chegaram os deportados políticos, em situações semelhantes ou piores, e os trabalhadores forçados. Por fim, os libertados dos campos de concentração. O general de Gaulle chorou ao vê-los; Marguerite Duras jamais esqueceu a visão do marido que chegava de Dachau, e de quem se podiam ver as vértebras, "as artérias carótidas, os nervos, a faringe e o sangue circulando". O primeiro contingente foi de mulheres. Era primavera. Diz-se que os parisienses, uma multidão silenciosa na plataforma da estação, quando viram essa gente chegar, nem sabiam o que fazer com os ramos de flores que haviam trazido para lhes ofertar como boas-vindas. E cada novo trem que chegava era assinalado também pela ausência dos que jamais voltariam; os mortos.

Paris é uma cidade que sabe relembrar seus mortos. Cultiva essa lembrança. A presença deles se espalha por todo o labirinto, dentro e fora dos vários cemitérios. Pelo chão, pelas pedras, está gravado, embora invisível, o sangue de tantos massacres, revoltas e revoluções libertárias. Na Chapelle Expiatoire e na Conciergerie, está encravada a memória dos guilhotinados durante o Terror; nos Invalides, Napoleão Bonaparte; pelas igrejas, os santos, bispos, arcebispos, além de relicários com o coração de alguns Reis de França e as placas memoriais dos mortos de guerra; no Bois de Boulogne e pelas ruas, pelas esquinas, placas assinalam a lembrança dos jovens FFI, SPAHI e Gardiens de la Paix mortos durante a libertação de Paris, naquela semana de agosto de 44.

E chegou o tempo de Alice Toklas e Gertrude Stein deixarem seu cantinho no sul da França e retornarem a Paris. Chegaram em dezembro, antes do Natal. Por felicidade, o apartamento da Rue Christine não havia sido tocado pelos nazistas e todas as obras de arte que haviam deixado continuavam lá. Foi então que receberam uma rápida visita de Hemingway. O que o terá levado a ir procurá-las novamente? A alegria por saber que estavam vivas? a compreensão de que não havia motivo para rancor? Foi uma visita de quebra de gelo depois de anos de rompimento. E não houve lavagem de roupa suja. Hemingway disse a Gertrude que sempre a amara e ela lhe disse o mesmo. Ele saiu acreditando que nenhum dos dois havia mentido. Nunca mais voltariam a se encontrar. Gertrude enfrentou o inverno e a escassez escrevendo e recebendo a visita de pracinhas americanos que encontrava na rua e os convidava. Em troca de uísque e bolo que lhes servia, escutava o linguajar dos rapazes, o vocabulário, as novas expressões linguísticas usadas pela juventude americana, tal como fizera com o jovem Hemingway, vinte anos atrás. A partir dessa nova aprendizagem, escreveu uma novela em que os personagens são pracinhas.

Doente, depois da guerra, sem ter visto Paris voltar de todo à normalidade, Gertrude morreu em 46, quando Ernest Hemingway, em Cuba, iniciava uma nova fase de vida casando-se com Mary Welsh.

Felicidade entre mangueiras

Esta manhã escrevi sete cartas e tenho uma pronta para ti, mas estou tão desesperadamente só sem ti que te escrevo novamente.

– *Carta a Mary Welsh*

É estranho que Hemingway, que sempre fugira da umidade dos invernos de Paris, tenha ficado lá naquele de 44-45 e só no dia 6 de março voltasse para casa; dessa vez, de avião.

Na Finca Vigía, viveu dias de solidão enquanto aguardava a chegada de Mary, a quem, nas cartas, chamava *amiguinha, arrebatadora amiga, minha muito amada Pickle* e *minha bem-amada*. Despedindo-se, era *teu grande amigo, teu marido que te ama* ou Mowtain, o velho apelido da adolescência. Mas havia muito a fazer na Finca depois de tão longa ausência. Era preciso prepará-la para a nova senhora. E prepará-la bem, pois queria que a casa fosse muito diferente daquela do tempo de Martha.

Haviam morrido algumas das mais frondosas mangueiras, mas ele se achava pronto para plantar novas. Conforme escreveu ao coronel Lanham, andava "totalmente aborrecido, deprimido, solitário e inútil... mas vou me levantar". Parou de beber, para estar em forma quando Mary chegasse: "o álcool é meu melhor amigo e meu crítico mais severo e me faz falta". Por toda a vida, Hemingway jamais foi um alcoólatra daqueles enlouquecidos que, quando começam, não conseguem parar e ficam totalmente bêbados e não trabalham por vários dias e não conseguem viver sem o álcool. Em Cuba, bebia todos os dias e tomava muitos pileques, mas nunca deixou de cumprir sua rotina de trabalho imposta por si mesmo desde a juventude parisiense: hora de trabalhar, trabalhar e tratar de render o máximo. Encerrado o trabalho, esquecê-lo até o dia seguinte e se divertir e beber e estar com os amigos. Em qualquer fase da vida, sempre que quis parar de beber, parou; sempre que os médicos lhe impuseram abstinência, se absteve. O álcool jamais tomou-lhe o tempo da escrita.

O divórcio de Martha foi finalizado a 21 de dezembro, mas, apesar de feliz, Hemingway começava a sofrer com hipertensão. O novo casamento aconteceu no escritório de um tabelião de Havana a 14 de março de 46. Estiveram presentes alguns amigos, além dos filhos Patrick e Gregory, que serviram de testemunhas. Tal como Pauline Pfeiffer, Mary

Welsh encerrou a carreira profissional e assumiu a posição de senhora Hemingway; talvez com mais domínio e segurança que qualquer outra. Tornou-se companheira constante e competente dona do lar. Sobretudo dedicava-se ao jardim e às roseiras. Como para o chefe da casa, Paris era móvel, Hemingway instalou Paris dentro de casa ao desenhar o emblema da Finca Vigía. Fundido como ferro de ferrar gado, o emblema se compõe de três listas da patente de capitão (lembrando sua atuação na Segunda Guerra) encimadas por uma ponta de flecha de índios do Alto Michigan (assinalando infância e juventude na floresta) e, no alto, três ângulos entrelaçados representando as três colinas da Finca e as três colinas de Paris (Montmartre, Montparnasse e Montagne Ste-Geneviève). Mary mandou gravar o desenho nos talheres e bordá-lo em toalhas e guardanapos.

Na Finca, Hemingway viveu catorze anos com Mary. Os oito primeiros foram os mais serenos de sua vida, desde os tempos de Hadley. Com a nova esposa, a Finca tornou-se um casarão aberto aos amigos, fossem americanos, europeus ou cubanos. Quase sempre havia hóspedes e convidados à mesa. Acordando cedinho, antes de todos, Hemingway trabalhava até cerca de onze da manhã. Nessas horas de trabalho, devia haver o máximo de silêncio e apenas um dos empregados podia entrar no cômodo em que ele trabalhava. E havia um outro rigor, ainda mais severo, aquele que fechava a Finca para jornalistas que desejassem bisbilhotar ou se exibir em seus países com alguma entrevista inédita de Ernest Hemingway. Eram tantos que, se o escritor se dispusesse a recebê-los, não teria tempo para mais nada. Repórteres, fotógrafos e outros jornalistas o procuravam com a mesma ânsia com que perseguiam estrelas do cinema. Muitos tentavam furar o cerco. Praticamente nenhum conseguia.

Das três mulheres anteriores de Hemingway, apenas Hadley permanecia em seu coração. Foi amante de cada uma das três últimas enquanto ainda estava casado com a anterior. Só a convivência com Hadley ia bem quando houve a separação. Os dois casamentos seguintes já iam mal, com ou sem infidelidade. Ele, que havia sido enganado por Agnes, tornara-se o enganador. No entanto, jamais foi infiel apenas pelo prazer da infidelidade; jamais enganou por enganar, deitando-se com todas as mulheres que aparecessem e o atraíssem. Nunca foi um garanhão; mas uma espécie de adúltero com boas intenções, pois casou-se com as três amantes que possuiu. Nunca teve outras (pelo menos que se saiba; a não ser que se acredite no caso com uma africana, que ele conta ter havido no segundo safári), mesmo sendo belo e forte e tendo belas mulheres em seu convívio; mulheres como Marlene Dietrich, Ingrid Bergman, Ava Gardner. Nenhuma delas revelou que ele a houvesse cortejado. Das primeiras esposas, Hadley foi a única a ser bem lembrada. Hemmy amou Hadley por toda a vida e jamais escondeu isso dela. Seu sentimento de culpa por tê-la abandonado só se atenuou quando Hadley casou-se com o jornalista Paul Scott Mowrer, seis anos depois da separação. Mesmo vinte, trinta anos depois de separados, Hemingway e Hadley ainda se escreviam. As cartas dele foram sempre afetuosas, chamando-a *muito querida* e *Kat querida* e se despedindo *com toda a afeição do teu velho Tatie, teu amigo Taty, Tatey* e *sempre teu Tatie*, mesmo muito depois de separados. Pauline permaneceu próxima, sobretudo por ser a mãe dos seus dois filhos; Martha, que não lhe deu filhos, sumiu das proximidades.

De Mary Welsh, não houve separação. Estiveram sempre juntos. Ele a amou até o fim. A respeito dela, escreveu: "Miss Mary é resistente, não há dúvida. Também é corajosa, encantadora, espirituosa, excitante ao olhar, um prazer de companhia e uma boa esposa. É ainda uma excelente pescadora, nadadora de respeito, uma cozinheira realmente classe A, boa julgadora de vinhos, excelente jardineira, amadora de astronomia, estudiosa de Arte, Economia Política, swahili, francês e italiano, e é capaz de governar bem um barco ou o pessoal doméstico em espanhol. Também pode cantar bem com uma voz muito afinada, conhece mais generais, almirantes e marechais-do-ar, políticos e pessoas importantes do que eu conheço, falecidos comandantes de companhia, ex-comandantes de batalhão, paus-d'água, coiotes, chacais, lebres, líderes do *café society*, donos de tavernas, pilotos de avião, apostadores de cavalos, bons e maus escritores, e cabras. (...) Quando está ausente, a Finca fica tão vazia quanto a mais vazia das garrafas cuja remoção ela tenha ordenado e eu vivo num vazio tão solitário quanto uma lâmpada de rádio quando as baterias morrem e não há corrente elétrica".

Um dia, teve o seu momento de herói que salva da morte a mulher amada; um momento extremamente ernestoico. Em julho do mesmo ano em que se casaram, Mary percebeu que estava grávida. Hemingway cuidou de tirá-la de Cuba e partiram de carro para Sun Valley, onde os filhos dele iriam encontrá-los para uma temporada de caça e onde Mary poderia ficar em melhor repouso. Partiram de carro em agosto. Dia 18, o casal pernoitou num motel em Casper. Daí seguiriam viagem na manhã seguinte. Mas ao amanhecer, Mary despertou se sentindo mal, embora jamais tivesse tido tonteiras, náusea ou quaisquer dores desde o início da gestação. No hospital, descobriu-se que se tratava de uma gravidez tubária e que uma das trompas havia se rompido. O médico-cirurgião estava fora, pescando. Só voltaria à noite. Havia apenas um assistente de plantão. A cada momento, o estado de Mary se agravava com hemorragia interna. Durante todo o dia, ela esteve no limiar da vida e da morte. De repente, o coração entrou em colapso, as veias sumiram, o pulso desapareceu. Não havia como introduzir agulha para injetar plasma e Mary entrou em estado de coma. O assistente deu o caso como perdido, descalçou as luvas e propôs a Hemingway que se despedisse da mulher. Impossível afirmar se o escritor lembrou-se de que havia criado, em *Adeus às Armas*, uma situação semelhante, quando Catherine Barkley morre após o parto sem que Frederick Henry se despeça. Se lembrou ou não, pouco importa, mas não podia permitir que a vida imitasse a arte; pelo menos não a sua. Era preciso que uma veia fosse encontrada para que se aplicasse o plasma. Só assim Mary poderia resistir até que fosse operada. Decidido, vestiu bata de cirurgião, colocou máscara cirúrgica e obrigou o assistente a fazer uma incisão para encontrar uma veia para ele. Localizada a veia, o próprio Hemingway introduziu a agulha e assumiu a administração do plasma. Esperou. Antes de terminado o primeiro frasco, o pulso reapareceu; voltou a respiração; Mary reanimou-se. Já era noite quando o cirurgião chegou e disse que Mary não resistiria ao choque da operação. Hemingway o obrigou a operar. Fez-se a cirurgia;

injetaram-se mais quatro frascos de plasma, vários de soro e foram feitas duas transfusões de sangue. Sucesso. Depois de uma semana em tenda de oxigênio, Mary estava salva. Hemingway, mais Hemingway do que nunca, provara a si mesmo que a renúncia não compensa, que de nada adianta cruzar os braços e que o destino pode ser ludibriado. Era ele mesmo ou algum dos seus personagens?

Em 1948, o casal voltou à Europa depois de três anos sem viajar para o exterior. Mas estiveram apenas na Itália, desembarcando em Gênova. Durante essa temporada, Hemingway conheceu Adriana Ivancich, uma italiana de dezenove anos, por quem parece ter ficado seduzido, mas não lhe fez qualquer declaração. Durante todo o outono, o inverno e o começo da primavera, ele e Mary percorreram pequenas cidades da Itália. Em Fossalta, ele reviu o local onde fora ferido em 18. Amou Veneza, hospedado no Gritti Palace Hotel, o mais luxuoso da cidade, à beira do grande canal. Aí, trabalhava todas as manhãs. À tarde, partia para caçar patos em Torcello, na laguna, a uma hora de barco. No porto de Gênova, embarcou de volta para a América. Foi a única vez em que esteve na Europa sem ir a Paris. Nesse ano, numa carta a W.G. Rogers, biógrafo de Gertrude Stein, Hemingway voltou ao episódio do rompimento de sua amizade com a amiga de outrora dizendo que "ela me atacou porque eu lhe havia ensinado a escrever diálogos da mesma maneira que ela me ensinara os maravilhosos ritmos da prosa". Foi portanto uma troca. Ele tinha consciência do que aprendera com ela, com Pound, com Joyce "e com vários mortos".

De volta a Havana, Hemingway conheceu um jovem chamado Aaron E. Hotchner que trabalhava para a revista *Cosmopolitan*. O velho poder de sedução veio à tona e o rapaz ficou encantado. Era o antigo fascínio de Hemingway pelas pessoas mais velhas que, agora, se transferia para as mais jovens. E os mais jovens se deixavam seduzir. Hemingway fascinou-se por Hotchner ao mesmo tempo que o seduziu. Quando se conheceram, no Floridita, um bar de Havana, Hotchner o viu como um homem gigantesco: "Não em altura, pois não chegava a dois metros, nem tampouco em peso, mas em impacto". Era só alegria e sedução, como dirá Hotchner. "Nunca vira ninguém com um tal ar de divertimento e bem-estar. Isto era projetado e todos correspondiam ao magnetismo". Fizeram-se amigos. Em pouco tempo, o rapaz já se tornara o intermediário na negociação para que o próximo romance, *Do Outro lado do Rio, Entre as Árvores*, saísse em folhetim. E Hemingway tanto fez que conseguiu que *Cosmopolitan* até pagasse a viagem de Hotchner acompanhando-o pela Europa, sob o pretexto de que, assim, Hemingway não atrasaria a entrega do livro. Era 49, ano em que o grandão completava cinquenta anos e seu filho mais velho casou-se.

Hemingway e Mary partiram num sábado de novembro, no Île de France. Desembarcando no Havre, seguiram de automóvel até Paris, onde o casal ficou no mesmo apartamento do Ritz em que Mary havia ficado depois da libertação da cidade, quando eram amantes mas precisavam manter aparências. Para sua chegada, Marlene Dietrich fez com que a gerência do hotel decorasse o quarto com rosas vermelhas. Hotchner veio de avião e hospedou-se num hotel mais simples. Encontravam-se ao meio-dia no Little Bar, o barzinho do Ritz que dá para a Rue Cambon, e tomavam Bloody Mary enquanto estudavam as corridas de Auteuil. Hoje, o bar do Ritz tem o nome do escritor que lhe deu fama.

O clima chuvoso e de muitos ventos do outono parisiense não impedia que Hemingway e Hotchner flanassem pela cidade. O tempo todo o grandão contava histórias de sua vida ao novo amigo. Iam às corridas sempre que houvesse tardes claras. Um mês e pouco depois de terem chegado, alugaram um automóvel e deixaram Paris rumo ao sul, com destino a Veneza. Viajando no banco da frente, enquanto atravessavam a Provence e a Camargue, Hemingway era só alegria e não parava de falar contando histórias a Mary, Hotchner e a um casal de amigos que seguia com eles. Falava do campo, dos pássaros e das aves de cada região por onde passavam, demonstrando um vasto conhecimento do interior da França.

Nesse inverno, em Veneza, Hemingway escreveu dois contos infantis para o sobrinho de Adriana Ivancich e para a filha de um amigo da família dela. *O Bom Leão* e *O Touro Fiel* são as únicas obras para crianças de Ernest Hemingway de que se tem notícia.

O Touro Fiel é um touro espanhol enamorado de uma vaca, mas o seu dono o obriga a ser reprodutor com muitas vacas. O touro permanece fiel à amada e o patrão, irritado porque o touro não reproduz, decide incluí-lo numa corrida para morrer na arena.

O Bom Leão é a história de um leão de bom caráter que come *tagliatelle* e bebe suco de tomate, conhece línguas e tem asas, detalhe que na África causa inveja aos companheiros. Um dia, cansado de ser invejado e agredido, alça voo e chega a Veneza, pousando na Praça de São Marcos, onde reencontra seu nobre pai, o Leão Alado de Veneza. Aí, observa que os enormes cavalos da igreja têm uma pata levantada e acha que a basílica "é mais bela que uma bolha de sabão". (Associar uma igreja de cúpulas com bolha de sabão não era novidade para Hemingway: Nick Adams, no conto *Como Você Jamais Será*, todas as noites, "sonhava com o Sacré-Cœur, aumentando em branco, como uma bolha de sabão").

Os contos infantis foram publicados em março de 51, na revista *Holiday* e, em 1980, pela Emme Edizione, de Milão. Posteriormente, a Mondadori os incluiu na antologia *Ventuno Racconti di Ernest Hemingway*. Quinze dias depois do seu lançamento, já era o livro mais vendido na Itália, o país da Europa que mais demorou a conhecer a obra de Ernest Hemingway.

Ainda na temporada italiana, terminou de escrever *Do Outro Lado do Rio, Entre as Árvores*, o romance dedicado "a Mary, com amor", fechando o ciclo dos livros dedicados às suas esposas. Ao terminá-lo, já achava que era o melhor de todos os romances que escrevera. Os direitos de publicação em folhetim, na *Cosmopolitan*, lhe renderam 85 mil dólares.

Do Outro Lado do Rio, Entre as Árvores é um romance narra a história de Richard Cantwell, coronel da infantaria americana que, aos cinquenta e um anos, vai à Veneza reencontrar a mulher amada e caçar patos nos manguezais de Torcello. O coronel Cantwell, que só se dá "bem com gente que tivesse estado na guerra ou tivesse sido mutilada", é um homem que ama Veneza e gostaria de morar lá para poder "passear pela cidade antes do almoço" e "ir ver todos os dias os Tintorettos na Academia e na Scuola San Rocco". Diante da visão de Veneza, manda parar o carro e desce com o motorista para "contemplar" aquela que considera "a minha cidade". Hospeda-se no Gritti, pagando também as diárias e refeições do seu motorista, e fica vários dias bebendo as bebidas mais caras e frequentando o Harry's Bar, numa Veneza do pós-guerra, quando tudo era caríssimo em toda a Europa. Até hoje, o Harry's e o Gritti são dois lugares venezianos que só os muito ricos frequentam habitualmente. Pois o coronel Cantwell era conhecido no Gritti e no Harry's como só o próprio Hemingway conseguia ser. Talvez seja o seu personagem mais inverossímil. Com a morte de Cantwell, fecha-se o ciclo de heróis de Hemingway pinçados em pedaços dele mesmo e que vinha desde o garoto Nick Adams, passando por Jake Barnes, Frederic Henry e Robert Jordan, sem contarmos o póstumo Thomas Hudson, de *As Ilhas da Corrente*. Todos parecem um só, em fases diversas da vida; sempre inseridos nas grandes aventuras do século. Sobre todos, Ernest Hemingway paira como o ortônimo, o nome verdadeiro de muitos dos seus personagens, mesmo que, na verdade, ele não seja totalmente nenhum deles. Não era impotente, como Jake Barnes; não lutou em nenhuma guerra nem desertou, como Frederic Henry, e não explodiu pontes como Robert Jordan.

Paris reaparece também nesse livro, mas a distância. Cantwell considera a entrada dos aliados em Paris apenas "uma experiência emocional" sem qualquer valor como operação militar, reconhecendo que os próprios parisienses já haviam tomado a cidade antes dos aliados chegarem. Do general Leclerc, herói francês cuja divisão blindada foi a primeira a entrar em Paris, Cantwell diz que era "um paspalhão de terceira ou quarta água, cuja morte celebrei com um *magnum* de Perrier-Jouet Brut, 1942". Mal recebido pelos críticos, foi este romance que lançou o Harry's Bar de Veneza, o Gritti e os manguezais de Torcello para milhões de visitantes que, até hoje, os incluem entre os pontos turísticos da cidade.

Retornando a Paris, em março de 50, o frio e a umidade atiçaram em Hemingway sua antiga inflamação de garganta. Estava deprimido no Ritz, quando Charles Scribner e sua mulher chegaram em viagem de passeio. Charles era o presidente da Charles Scribner's Sons, a única editora a lançar os livros de Ernest Hemingway, desde *Torrentes de Primavera*. Além de ser seu editor, o senhor Scribner, nove anos mais velho que ele, foi seu amigo, assim como Max Perkins, desde que se conheceram, no inverno de 26. Ao deixar Paris para morar em Key West e depois em Cuba, Hemingway fizera com que os senhores Scribner e Perkins desempenhassem para com ele uma função semelhante à de Sylvia Beach nos primeiros anos de Paris, mandando-lhe livros, revistas, críticas e artigos importantes, além de se fazerem conselheiros em muitas situações.

Hemingway alegrou-se ao receber o casal. Mais ainda quando Adriana veio da Itália com uma colega. As garotas ajudaram Mary a fazer as malas e foram com eles até Le Havre, onde os Hemingway embarcaram no Île de France. Em Nova York, reencontraram Marlene, o que era sempre uma alegria, mas Hemingway parecia realmente deprimido. Nesse ano, nasceu a primeira filha de Bumby, Joan. Era o Papa Hemingway tornando-se avô quando, em Havana, começava a ser disputado um campeonato de pesca profunda, o Concurso Hemingway, premiando a equipe que trouxesse o maior marlim das águas do Golfo. Era a primeira homenagem de Cuba ao seu morador mais famoso.

No começo desse verão, o dono do Pilar sofreu um novo acidente. Quando o capitão do barco fez uma manobra inesperada em mar agitado, Hemingway foi surpreendido por uma onda que o fez cair sobre os grampos que prendem os arpões. Levou pontos na cabeça e machucou as pernas. Retornaram as antigas dores de cabeça e fortes dores na perna dos fragmentos enquistados na Primeira Guerra. O homem era realmente forte, mas as pancadas se sucediam, sempre mais graves e com mais frequência.

Mary e Pauline Pfeiffer já haviam se tornado amigas. Tanto Mary passara alguns dias em casa de Pauline, sem o marido, como Pauline esteve na Finca. Mas Pauline morreu subitamente, em outubro de 51. Gregory e Patrick ficaram estudando nos Estados Unidos. Desde que Papa se instalara na Finca Vigía, seus três rapazes costumavam passar férias com ele, quando se faziam todos ao mar. Hemingway exercitava e estimulava Gregory no tiro ao pombo e na pesca profunda.

Janeiro de 52 começou com a Finca Vigía agitada pelo suicídio de Clara, uma empregada de Mary. Os Hemingway zarparam mar adentro para escapar dos procedimentos e dos repórteres. Em fevereiro, o editor Charles Scribner, morreu de ataque cardíaco. Mas aquele seria o ano de *O Velho e o Mar*, lançado inicialmente em número especial da revista Life, com tiragem de mais de cinco milhões de exemplares, que foram vendidos em dois dias. O livro saiu dedicado a Charles Scribner e Max Perkins. Um reconhecimento cordial e generoso pela amizade de tantos anos e pelo correto trabalho editorial que Hemingway recebia. Entre o escritor e seus editores jamais houve qualquer atrito, desentendimento, equívoco, fosse com Charles, fosse com Max. Com Charles Scribner Jr., que sucedeu ao pai, tudo continuou da mesma maneira. Trinta e cinco anos de relação profissional, afetiva e de amizade.

Desde que chegara ao Golfo, Hemingway guardou na memória um caso que lhe fora contado por pescadores: um velho luta sozinho para vencer um peixe de uns quatrocentos quilos, consegue prendê-lo à canoa e depois o perde para tubarões. Quando se decidiu a escrevê-la, muitos anos depois, planejou-a como parte de um longo romance dedicado à terra, ao mar e ao ar. Pela primeira vez, escrevia a partir de uma história que ouvira contar; que não havia vivido, nem criado. Sua experiência de pesca, porém, era fundamental e, por tal experiência, a história deixava de ser "por ouvir dizer". Incorporada, se tornara sua. Pela veracidade que perpassa por todo o livro, o mundo inteiro leu *O Velho e o Mar* sem achar que fosse uma "história de pescador". É o único dos seus livros em que não há personagens do seu país, a não ser nas citações a Joe di Maggio, aquele jogador de beisebol que foi casado com Marilyn Monroe e que, depois da morte dela, mandou colocar uma rosa vermelha em seu túmulo todos os dias. E nem se sabe se é americano um casal de turistas que, no final do livro, passeia pela Esplanada e vê um enorme espinhaço de peixe flutuando no mar.

Em 53, dia quatro de maio, os Hemingway escutaram pelo rádio que *O Velho e o Mar* ganhara o Prêmio Pulitzer, o mais importante prêmio literário dos Estados Unidos e que Hemingway jamais havia ganho. No ano de *Adeus às Armas*, o Pulitzer fora concedido a Oliver La Farge, pelo romance *Laughing Boy*; no ano de *Por Quem os Sinos Dobram*, foi dado a Ellen Glasgow, por *In This Our Life*. Em 1971, Otto Maria Carpeaux perguntou, em seu perfil de Ernest Hemingway : "E quem lê hoje Ellen Glasgow e Oliver La Farge?".

Como que comemorando vinte anos desde que havia caçado na África, Hemingway planejou uma nova viagem que começaria pelas touradas de verão na Espanha e terminaria com um longo safári. E assim foi feito. Ele e Mary partiram no final de junho; desembarcaram no Havre, onde Gianfranco Ivancich, irmão de Adriana, os esperava com um motorista contratado para levá-los à Espanha. Passaram rapidamente por Paris e atravessaram a fronteira. Era a primeira vez que ia à Espanha desde a Guerra Civil. Não sabia como seria recebido e chegou a dizer que era preciso ter colhões para ir lá, visto que tanto fizera para que Franco não fosse vitorioso. Mas entrou sem problemas e foi muito bem recebido em Pamplona.

Nessa temporada conheceu Antonio Ordóñez, um toureiro de 21 anos que estava se tornando sensação e que era filho do *matador* Cayetano Ordóñez, que Hemingway conhecera nos anos vinte. Foi vê-lo na arena e se deixar seduzir pelo jovem, seu estilo, sua técnica, elegância e coragem. Tornaram-se amigos. Deve ter sido o último amigo adquirido por Hemingway e numa época em que já não desejava ter amigos toureiros para evitar que sofresse, caso os visse colhidos por algum touro.

Da Espanha, Hemingway e Mary voltaram a Paris, ficando no Ritz até 4 de agosto, quando partiram de carro para Marselha, onde tomaram um navio para a costa leste da África. Desembarcaram em Nairóbi, no Quênia. Em pouco tempo, estavam acampados, tendo Philip Percival como guia de caça. Era o mesmo guia do primeiro safári. Durante o mês de setembro foram os únicos caçadores licenciados para caçar na Reserva Meridional. Hemingway pagou mil xelins por cada licença e mais duzentos xelins por um leão extra. Ao longo dos cinco meses de safári, matou gnus, pombos selvagens, galinhas d'angola, antílopes, leões, búfalos, zebras, leopardos...

Acampados, tiveram um Natal festivo e um Ano Novo discreto, à base de chá e empadas. Raspando a barba e cortando o cabelo muito baixo, quase a zero, deixou que ficassem à mostra as muitas cicatrizes na cabeça. Assim, Hemingway começou 54, um ano de dor e glória. Dia 22 de janeiro, partiram do aeroporto de Nairóbi num teco-teco, um Cessna 180, rumo à Uganda e ao Congo Belga, gozando uma espécie de intervalo do safári. Mas tudo deu errado. Pouco depois de sobrevoarem umas cataratas em Uganda, ao desviar-se de um bando de aves, o avião bateu num fio de telégrafo e caiu. O casal e o piloto conseguiram sair quase ilesos e correram temendo uma explosão. Dormiram ao relento. No dia seguinte, viram um barco descendo o rio, fizeram sinais e foram avistados. Hemingway teve de pagar um bom preço para serem levados até Butiaba, em Uganda. Acontece que as autoridades já haviam ordenado buscas e já haviam sido encontrados os destroços do Cessna, sem sobreviventes. A notícia da morte de Ernest Hemingway e de sua mulher correu mundo antes de ser desmentida. Uma e outra notícias fizeram crescer mais ainda a lenda do herói. Afinal, era um herói ou um titã, que a tudo desafiava e que de todos os perigos conseguia se livrar? Ou uma vítima de deuses que insistiam em derrotá-lo?

Em Butiaba, um policial e um piloto esperavam por eles num aviãozinho de triste aparência. Era quase anoitecer, mas partiram. O avião começou a se movimentar aos tropeções pela pista cheia de buracos. Súbito, ardeu em chamas. O escritor teve que arrombar a porta dando pancadas com a cabeça, uma cabeça que há anos levava pancadas. Finalmente salvos, o estado de Hemingway era desolador e assim foi relatado por Carlos Baker: "ruptura de fígado, baço e um rim, perda temporária de visão do olho esquerdo, perda de audição do ouvido esquerdo, uma vértebra esmagada, luxação do braço e clavícula direitos, luxação da perna esquerda, paralisia do esfíncter e queimaduras de primeiro grau no rosto, braços e crânio". Apesar disso, os Hemingway ainda montaram acampamento em Shimoni, na costa do Quênia. Fizeram pescarias, mas ele não podia participar. Passava horas lendo jornais com as notícias de sua morte e os muitos necrológios. Deu-se ainda que, a 22 de fevereiro, dia em que os americanos comemoram o aniversário de George Washington, um grande incêndio irrompeu no matagal. Saíram todos a combater o fogo, inclusive o convalescente Hemingway, que mal podia andar. Livrou-se da morte outra vez, pois tropeçou e caiu no meio das chamas. Puxado para fora, veio com queimaduras de segundo e terceiro graus nas pernas, abdômen, peito, lábios, mão esquerda e braço direito. Aí era demais! (Em alguns Estados do Brasil, e em Cuba, certamente seria dito que ele tinha o corpo fechado.) Só então decidiram terminar a temporada de caça e partir para Veneza, onde Hemingway chegou pesando dez quilos a menos que o seu peso normal. Daí, seguiu para a recuperação, na Finca.

Em outubro desse ano, quando vivia uma "bela fase de escrita", como ele mesmo escreveu ao amigo Charles Lanham, mergulhado no continente africano, escrevendo sobre o último safári, foi informado de que ganhara o Prêmio Nobel. Havia concorrido com pesos pesados como Ezra Pound, Paul Claudel e Albert Camus. Além da honraria internacional, o Nobel significava 35 mil dólares em dinheiro, livres de imposto de renda. Uma semana antes do anúncio público, o Ministro da Suécia esteve na Finca para conferir-lhe a medalha de ouro do Prêmio, que lhe foi entregue na biblioteca da casa, com alguns breves discursos seguidos por um almoço festivo para cerca de doze pessoas. Alegando não estar de todo recuperado das consequências dos acidentes, não foi a Estocolmo para a cerimônia oficial. Escreveu um discurso (cerca de trinta linhas), lido pelo embaixador dos Estados Unidos. Falava da solidão do escritor e da necessidade dessa solidão. A medalha de ouro que acompanha o prêmio, ele doou à Virgen de la Caridad del Cobre, Padroeira de Cuba, em seu santuário de Santiago. Por ter ganho o Prêmio Nobel, nada se alterou na vida de Ernest Hemingway, como costuma acontecer com agraciados que passam a vender mais livros e não param de dar entrevistas e fazer conferências. Nem mesmo em seu comportamento nada se alterou. Afinal, há muito tempo havia se acostumado com o êxito. Sereno, continuou seu trabalho, mantendo-se no mesmo refúgio, a distância das luzes da imprensa e de qualquer passageira embriaguez de sucesso.

Paris, Anos Cinquenta

Ter descoberto esses novos mundo da literatura, com tempo de sobra para percorrê-los e morando numa cidade como Paris, onde havia possibilidades de trabalhar e viver como eu, independentemente de ter ou não dinheiro, era como ter recebido um grande tesouro.

– *Paris é uma Festa*, livro

Logo no início da década, a cidade voltou a receber jovens escritores dos Estados Unidos. Ao longo desses dez anos, viveram em Paris Richard Wright, James Baldwin, William Styron, James Jones, Chester Himes, George Plimpton, John Ashbery, Lawrence Ferlinghetti e William S. Burroughs, entre muitos outros.

Em 51, George Whitman comprou uma velha mercearia árabe, Rue de la Bûcherie, dando frente para as costelas de Notre-Dame. Para lá, mudou sua Livraria Mistral, que funcionava no Boulevard de Courcelles.

Mistral era uma livraria de língua inglesa muito parecida com a de Sylvia Beach. Com tantos americanos em Paris, esse comércio dava certo e até havia uma outra, a English Bookshop. Com elas e com a presença de tantos escritores, Paris reassumia seu lugar de importância para a literatura americana. Esse papel se acentuou mais ainda com a chegada dos *beats* William Burroughs, Brion Gysin, Gregory Corso, Allen Ginsberg e Peter Orlovsky, hospedados todos num hotel de baixa categoria, no 9 Rue Gît-le-Cœur, um endereço que será cultuado por todos os amantes desses escritores. Em atitudes muito distintas das dos americanos dos anos vinte, os *beats* tiveram ligações diretas com a cultura francesa, relacionando-se respeitosamente com aqueles a quem consideravam mestres: Henri Michaux, Marcel Duchamp, Louis-Ferdinand Céline e o conterrâneo Man Ray. A Mistral tornou-se seu ponto de encontro, onde se reuniam sempre e faziam leitura de suas obras. Em 64, George Withman, numa homenagem a Sylvia Beach e à geração perdida, trocou o nome de sua livraria de Mistral para Shakespeare and Company. É por isso que Paris ainda tem a sua Shakespeare and Company.

É uma livraria *cult*, um *antiquarium books*, como ela mesma se denomina, situada na *rive gauche*, esquina da Rue de la Bûcherie com o Quai de Montebello. Não muito distante do espírito da livraria de outrora, o clima geral dessa outra Shakespeare and Company é o mais anti-parisiense de toda a cidade. Nada daquele ar de limpeza absoluta e daquela perfeita arrumação que se veem em todos os pontos comerciais de Paris. Ao contrário, tudo tem um certo jeito de desgaste, bagunça, poeira e velhice. Um perfeitíssimo sebo. Retratos de Shakespeare, iguais aos da casa original, coroam as duas portas de entrada. Bancos, cadeiras e poltronas pela calçada permitem que se fique folheando livros e revistas de língua inglesa. Na parede externa, há um quadro em que os fregueses afixam bilhetes, avisos e anúncios de venda de objetos em papelinhos manuscritos. Semanalmente são feitas leituras públicas de poemas de jovens poetas. Com certeza, não existe por toda a cidade algo semelhante a essa continuidade da livraria-biblioteca de Sylvia.

Na primavera de 53, a cidade lançou o primeiro número de *The Paris Review*, revista literária em língua inglesa, com tiragem trimestral, fundada por Peter Matthiessen, William du Bois, John Train, Thomas Guinzburg, Harold Humes e William Styron. Eram jovens que, tendo encerrado os estudos, encontravam-se em Paris também querendo se firmar como escritores. Com a *Paris Review*, pretendiam realizar aquele sonho de tantos intelectuais: possuir uma revista com linha própria, não dogmática e aberta ao novo, ao não comercial, seguindo aquela tradição que vinha do princípio do século. Com um capital de mil dólares, fundaram a revista e chamaram George Plimpton para editor, exatamente quando pensavam em incluir em cada número uma entrevista com grandes nomes da literatura. Assim, a revista poderia trazer esses escritores pelo que dissessem sobre si mesmos, suas obras e os seus métodos de trabalho, já que não lhes podia pagar por textos inéditos. A primeira dessas entrevistas, com E. M. Forster, deu a linha para as seguintes. Ao longo de anos, alguns dos entrevistados foram François Mauriac, Alberto Moravia, Françoise Sagan, Lawrence Durrell e Georges Simenon. *The Paris Review* talvez tenha sido a mais duradoura e importante das revistas literárias lançadas nos anos cinquenta; a única a influir sobre as novas gerações de escritores mundo afora, sobretudo por causa das entrevistas.

Certo dia, quando George Plimpton estava numa recepção de casamento no Ritz e foi até a saída que dá para a Rue Cambon, viu Ernest

Hemingway numa banca de jornais. Não o conhecia pessoalmente; ficou entusiasmado só em vê-lo. Mais ainda ao perceber que Hemingway estava comprando exatamente a *Paris Review*. Aí era demais.

    Logo depois, no bar do hotel, alguém o apresentou ao escritor. Sabendo da fama de avesso a jornalistas, Plimpton conseguiu reunir força e coragem e atreveu-se a perguntar se Hemingway poderia conceder-lhe uma entrevista. Hemingway costumava aceitar ou rejeitar desconhecidos, especialmente da imprensa, conforme o humor do momento, a maneira com que os conhecesse e a franqueza de cada um deles. No caso de Plimpton, tudo estava de acordo, inclusive a importância da *Paris Review*. O grandão aceitou o convite no mesmo instante. Só não concordou com a ideia de que a conversa acontecesse ao longo de uma caminhada pelos lugares do velho Paris por onde Hemingway andara nos anos vinte. Não. Aqueles lugares não existiam mais para ele, a não ser como memória e material de trabalho. Propôs então ao rapaz que o acompanhasse por alguns dias pois, assim, a conversa fluiria com menos formalidade. A entrevista foi feita, embora ocupando o entrevistador por muito mais tempo do que ele previra. Plimpton seguiu Hemingway pela Espanha e teve também de ir à Cuba, hospedando-se na Finca. O resultado foi uma conversa vigorosa, das melhores de *Paris Review*, em que Hemingway abriu tudo sobre sua maneira de escrever. Falou da influência de Joyce, "naquela época, quando as palavras que conhecíamos nos estavam interditas". Assumiu que *Ulisses* "foi o que mudou tudo, fazendo com que nos fosse possível romper com certas restrições". Disse o quanto Gertrude Stein "escreveu com certa prolixidade e considerável inexatidão a respeito de sua influência sobre a minha obra" e afirmou que "ela aprendeu a escrever diálogos num livro intitulado *O Sol Também se Levanta*". Contou que, para fazer algo diferente, ele teve que aprender primeiro buscando eliminar tudo o que fosse supérfluo e que isto era "muito difícil de fazer e exigiu, de minha parte, trabalho árduo".

    Por toda a sua vida de escritor, Hemingway encarou cada uma das obras que estivesse escrevendo como um trabalho pesado, que exigia dele o máximo de dedicação, esforço, concentração, memória e elaboração. Qualquer livro que não considerasse pronto, exato, não mandava para o editor. Por isso, depois de sua morte, foram encontradas tantas obras inacabadas; coisas que, certamente, ele não teria publicado antes de muitas e muitas revisões. Algumas, talvez jamais publicasse.

O fato mais valioso da entrevista à *Paris Review* foi que Hemingway, tão avesso a falar de si mesmo e do seu trabalho, a não ser dentro de sua própria literatura, escancarou suas portas de tal maneira que aumentou ainda mais a influência que exerce sobre escritores novos. Mas quase tudo que falou já havia revelado aos pedacinhos, ao longo de sua obra; apenas, talvez, ninguém tivesse assimilado como um todo. Em suas cartas também já havia dito muito, mas cartas são particulares e só os destinatários conhecem. (O que ficou por dizer aparecerá em *Paris é uma Festa*.) O grande valor da entrevista é que aparece ali tudo reunido, como que sistematizado e, o que é mais importante, em tom coloquial, diretamente confessional. Começou, pois, em Paris a mais valiosa das entrevistas de Ernest Hemingway e, exatamente, para uma revista literária, fato que nos leva a uma outra revista literária, também parisiense, *the transatlantic review*, na qual, nos anos vinte, Hem desempenhara sua primeira função de importância para o trabalho literário alheio.

Em 55, nasceu sua segunda neta, Margaux, filha de Bumby. O nome foi escolhido por Hemingway, em homenagem ao vinho francês Château Margaux. (Mariel, a mais nova, só nasceria depois da morte do avô.) Em novembro, apareceu-lhe uma infecção nos rins e o fígado foi afetado. Teve de ficar de cama por cinquenta dias, até 9 de janeiro de 56. No outono, voltou a Paris, depois de três anos. Era setembro e estava de novo a caminho da Espanha, para onde partiu de carro. Nas praças de touros, era reverenciado pelas multidões que faziam fila para pedir-lhe que autografasse o canhoto de suas entradas. E andou bebendo além de sua cota. Quando um médico foi chamado para examinar Mary, que estava sofrendo com gastrite e colite, o doutor pediu para examinar também o marido. O resultado foi que Hemingway estava com a pressão arterial em 210-120, tinha o índice de colesterol a 380, o fígado em mau funcionamento e uma possível inflamação em torno da aorta. Pesava noventa e sete quilos, mas já não era o grandão, o forte e poderoso dos velhos tempos. O doutor exigiu-lhe corte de alimentos gordurosos, redução de álcool e nada de relações sexuais. Sem essas coisas, a Espanha não era a Espanha de Hemingway. Decidiu retornar a Paris, seu lugar de paz e beleza, onde ficou até o início de 57.

Durante esta temporada parisiense, Gabriel García Márquez, um jornalista de 28 anos, o viu passar com Mary pelo Boulevard St-Michel. Qualquer jovem escritor, ou simplesmente leitor, fosse americano ou não, ficaria emocionado se alguma vez visse aquele escritor; ainda mais numa rua de Paris. Para o jovem colombiano, Hemingway era um dos seus dois mestres; o outro, William Faulkner. Já havia lido tudo dos dois e venerava as características distintas de cada um. Anos mais tarde, registrou a visão de Hemingway pelo Boulevard St-Michel: "Ele estava do outro lado da rua, andando na direção do Jardin du Luxembourg, e usava uma calça rancheira muito velha, uma camisa xadrez e um boné de jogador de beisebol. A única coisa que não combinava com ele eram os óculos de armação de metal, pequenos e redondos, que lhe davam prematuramente um ar patriarcal. Estava com 59 anos, e era grande e imponente, mas não dava a impressão de força selvagem que com certeza queria transmitir, porque suas coxas eram estreitas e as pernas pareciam muito finas sobre os sapatos grosseiros. Parecia tão cheio de vida, entre as bancas de livros usados e a multidão de jovens vindos da Sorbonne, que era impossível imaginar que só tinha mais quatro anos para viver". Como, por muito tempo, o mundo não soube a data real de nascimento de Hemingway, Márquez deu-lhe 59 quando sequer havia completado 58.

Ao chegar ao Ritz, de volta da Espanha, os bagageiros do hotel lhe trouxeram duas malas velhas, mofadas, com seu nome escrito nas tampas. Haviam sido encontradas na cave e deviam estar lá há muitos anos. Emocionado, Hemingway as abriu e foi olhando o que continham e reconhecendo cadernos de notas cheios de apontamentos, recortes de jornais e livros, tudo em meio a sandálias e camisolas dos velhos tempos. Coisas dos primeiros anos de Paris. Impossível definir quando e por que aquelas malas estavam no Ritz, e por tanto tempo. Para celebrar um tal retorno de emoções, só mesmo um drinque no Harry's a poucos passos do hotel, na Rue Daunou, número 5, entre o Boulevard des Capucines e a Avenue de l'Opéra. É o Harry's New York Bar, o bar de Paris mais conhecido por estrangeiros.

Harry, derivado de Henry, é uma das muitas formas afetuosas com que os americanos costumam chamar os seus rapazes. Todas elas sempre foram muito queridas por Hemingway que, desde garoto, gostou de apelidos. Por toda a sua obra há personagens chamados Bill, Jake, Dick, Phil, Jack, Joe, Billy e até mesmo o espanhol Paco, além de Nick, o herói dos contos. Henry e Harry aparecem várias vezes. Nos dois primeiros romances há Henry Braddocks (*O Sol Também se Levanta*) e Frederick Henry (*Adeus às Armas*). A partir daí predomina a forma popular. O escritor de *As Neves do Kilimanjaro* é simplesmente Harry e, em *Ter e Não Ter,* o herói é Harry Morgan.

O Harry's Bar se encaixa perfeitamente no universo de Hemingway, embora não apareça em sua obra de ficção. E é a Hemingway que o Harry's deve pelo menos uns noventa por cento de sua popularidade internacional, muito facilitada pela sonoridade do nome, que vem de Harry MacElhone, um americano que comprou o bar em 1913. A mim, é instigante que, em todas as vezes que estive lá, o garçom era sempre Roger, embora jamais fosse o mesmo homem. E estive lá em três momentos. Em cada um deles, tudo era diferente: com o balcão repleto de executivos, ao entardecer de um meio de semana; fervilhando de gente, numa sexta-feira noite adentro e, deliciosamente vazio, num sábado, ao meio-dia.

Entrar e estar no Harry's é como que sair de Paris. É o lugar fechado mais hemingwayano de toda a cidade. Decididamente ernestoico;

tanto quanto a Contrescarpe. Um pedaço dos States no centro de Paris. *Cult* até dizer basta. Identificar-se com Hemingway, gostar dele ou amá-lo e nunca ter estado no Harry's é uma lacuna que precisa ser preenchida mesmo que você chegue lá e não se adapte ou não goste do ambiente. Sem o luxo ostensivo do Harry's de Veneza, o de Paris é puxado para o *country*, o rústico, no uso da madeira aparente envernizada. Se não foi substituído, o painel de fundos do balcão é uma grande colagem de papéis-moeda de muitos países e de várias épocas. Procurando, o visitante há de encontrar a cédula brasileira, aquela de cem cruzeiros, vermelha, com a cara do Floriano Peixoto.

Depois de pedir o seu Dry Martini, Bloody Mary ou cerveja mesmo, deixe-se ficar no balcão ou numa das mesas e sossegue um pouco antes de explorar o espaço. Encontrar as fotos no alto da passagem que dá para o plano inferior vai ser ótimo para quem é chegado ao Ernestino. Vai vê-lo com um peixe na mão, adiante com a neta Joan, depois chutando uma lata. E verá como Bumby, ao crescer, tornou-se parecidíssimo com Hemmy quando era jovem e nada sombrio.

A sétima arte

Depois que O Velho e o Mar ficar pronto,
nunca mais quero saber de gente de cinema.
Eu juro diante de Deus.

– Carta a Gary Cooper

Entre os muitos ares que Paris respira, Paris respira cinema. Roman Polanski revelou, certa vez, que uma das razões de ter escolhido Paris como o seu lugar para viver foi a de que, quando quer ir ao cinema, a cidade lhe oferece trezentos filmes para escolher.

Os parisienses amam o cinema. Para começo de conversa, a primeira plateia do cinematógrafo foram parisienses que assistiram à primeira sessão aberta ao público. Desde a sua invenção, os franceses influíram sobre os caminhos do cinema em vários momentos, sobretudo com os filmes de Georges Méliès; com a *avant-garde*, nos anos vinte e trinta, e com a *Nouvelle Vague*, no final dos cinquenta. Além disso, os franceses fizeram alguns filmes que repousam afetuosamente no coração de milhares de cinéfilos: *A Regra do Jogo, O Atalante, A Grande Ilusão, Um Condenado à Morte Escapou, Os Incompreendidos, Acossado...*

O parisiense sempre adorou ver cinema tanto quanto fazer. Se a América precisou arrebanhar toda aquela gente de tantas origens (produtores, diretores, roteiristas, atrizes e atores suecos, alemães, austríacos, ingleses, judeus...) para fazer seus filmes e criar aquela grandiosa máquina chamada Hollywood, o cinema francês sempre foi feito por franceses, ou melhor, por parisienses, mesmo que não nascidos em Paris. Que outra cidade poderia ter gerado os filmes de René Clair, Jean Renoir, Jean Vigo, Robert Bresson, François Truffaut? E foi por razões muito próprias do espírito contraditório dos parisienses que o cinema francês jamais aceitou as fórmulas de Hollywood, muito menos o *star system*. Dá para entender que, vivendo numa cidade em que tudo tende para majestoso e monumental, o parisiense sempre tenha feito um cinema simples? De ideias e de custo de produção baixo, mais que de ostentação; de conteúdo, mais que de tecnologia; de realidade, mais que de fantasia, e de poesia, mais que de mentira. Paris nunca teve sequer uma Cinecittà, aquele imenso estúdio italiano onde Federico Fellini fez viverem seus personagens e ilusões. E, até hoje, a produção do cinema francês continua sendo pensada e criada em Paris, com projetos de coprodução internacional e com um número de filmes por ano muito maior do que pode supor o cinéfilo brasileiro. Paris assiste a todos os seus filmes, faz fila, apesar da sobrecarga de lançamento das superproduções americanas.

Nos anos cinquenta, enquanto a própria Hollywood enaltecia a imagem de Paris como cidade do romance e do amor com filmes como *Sinfonia de Paris*, *Amor na Tarde*, *Moulin Rouge*, *Sabrina* e *Cinderela em Paris*, despontou o mais popular ícone do cinema francês, Brigitte Bardot, intensificando mundo afora a já difundida imagem mítica da mulher parisiense. Em 56, ao fazer *E Deus Criou a Mulher*, de Roger Vadim, Brigitte alcançou o máximo de popularidade internacional. Logo a seguir, saía também de Paris para o mundo um dos mais importantes movimentos culturais do século, a *Nouvelle Vague*, com os meninos da revista *Cahiers du Cinéma* revolucionando a maneira de produzir e fazer cinema. Logo com o primeiro filme de cada um deles, Claude Chabrol, Jean-Luc Goddard, Jacques Rivette e François Truffaut se tornaram as novas estrelas do cinema francês, juntamente com Louis Malle, Alain Resnais e todo um time de novos atores até então desconhecidos: Jean-Paul Belmondo, Ana Karina, Jean-Claude Brialy, Jean-Pierre Léaud, Jeanne Moreau... Se as produções francesas já tinham um custo reduzido nos anos quarenta e começo dos cinquenta, em comparação com os preços de Hollywood, uma das principais reviravoltas da *Nouvelle Vague* foi a de baixar mais ainda os custos de produção. Infelizmente, como sempre acontece nos movimentos de renovação estética, os diretores do novo movimento, impondo-se com seu trabalho renovador, trataram de diminuir e menosprezar seus antecessores, gente como René Clair, Henri-Georges Clouzot, Michèle Morgan, Henri Vidal, Jean-Pierre Aumont. Jean Renoir e Vigo foram dos poucos que escaparam, e foi preciso que René Clément fizesse *O Sol por Testemunha* para que os meninos percebessem que estavam insultando e menosprezando mestres nacionais em troca de Alfred Hitchcock e Nicholas Ray. Todo o cinema francês da segunda metade do século seria fruto dessa *Nouvelle Vague*.

A relação de Ernest Hemingway com o cinema, porém, foi bem distinta da dos parisienses. Ele jamais foi um amante do cinema; jamais escreveu diretamente para o cinema comercial e nunca se entendeu facilmente com Hollywood. Mesmo assim, Hollywood filmou várias de suas obras; até várias versões de um mesmo livro. O cinema europeu, por outro lado, jamais filmou qualquer de suas histórias.

Hemingway não frequentava cinemas assim como não foi um espectador de teatro, ópera, balé, concerto. De todas as artes, amava a pintura e a literatura. Odiava quando se via obrigado a assistir a algum dos filmes tirados de seus livros. Assistia, no entanto, a documentários, sobretudo de guerra e, principalmente, os de Robert Flaherty, além de filmes de lutas de boxe importantes, como as de Rocky Graziano. Via esses filmes em 16mm em sua casa de São Francisco de Paula, alugados diretamente das distribuidoras ou emprestados pela Embaixada dos Estados Unidos.

Infelizmente, Hollywood só fez mesmo foi adulterar ou açucarar quase tudo que filmou dele. Curiosamente, conseguiu fazer um filme cultuado por muita gente, aquele extraído de um dos seus livros menos elogiados: *To Have and Have Not*, que passou no Brasil com o título *Uma Aventura na Martinica*. (A primeira edição brasileira deste livro, tradução de Aydano Arruda, lançada pela Livraria Exposição do Livro, nos anos cinquenta, manteve o título do filme embora o romance nada tenha a ver com a Martinica.) Se este não for mesmo o melhor filme baseado em Hemingway, perde apenas para *Os Assassinos*, de Robert Siodmak. Mas o que *Uma Aventura na Martinica* tem de bom deve-se à direção de Howard Hawks, ao charme de Humphrey Bogart e Lauren Bacall (era o primeiro filme de Bacall) e às fortes presenças de Sydney Greenstreet, Peter Lorre e do francês Marcel Dalio. Para Hemingway, porém, o único filme que se salvava era mesmo *Os Assassinos*, com Burt Lancaster e Ava Gardner. A este, assistiu várias vezes em sessões privadas.

Numa de suas raras passagens por Hollywood, Scott Fitzgerald inventou de levá-lo ao estúdio da Metro-Goldwyn-Mayer para apresentá-lo ao chefão, o senhor Louis B. Mayer. A intenção de Scott, acredita-se, seria demonstrar a Hemingway que era bem chegado a Mayer e mostrar a Mayer que era amigo do mais popular escritor da época, um homem inteiramente avesso ao estrelato da capital do cinema. Mesmo sem registro do que aconteceu no escritório de Mayer, sabe-se que o resultado da visita foi desastroso. Poucos minutos se passaram e Mayer chamou os seguranças gritando que "se este homem não estiver fora do meu escritório em cinco minutos, vocês perdem o emprego". O historiador de Hollywood, Otto Friedrich, conta que Hemingway saiu, atravessou a rua, entrou no bar Retake Room e se divertiu contando para todo mundo como havia enfrentado o grandioso chefão da MGM, a mais poderosa produtora de cinema daqueles anos. Consequência ou não desse encontro, a Metro foi o único dos grandes estúdios que não filmou nada de Hemingway.

Seus problemas com o cinema não eram com a sétima arte em si, em cujo meio fez grandes amigos, mas com os poderosos do cinema americano. Desprezava Hollywood por causa dos maus roteiros, com incríveis distorções dos seus romances, e por causa dos homens de produção, sobretudo Darryl F. Zanuck e David O. Selznick. Mas, se eram assim tão pouco amigáveis seus contatos com a capital do cinema, por que deixou que fossem feitos tantos filmes de livros seus? E por que deixou que os roteiros deturpassem tanto suas histórias? A resposta parece ser simples: porque o cinema tornou-se, desde os primeiros contratos, a segunda fonte de renda de Ernest Hemingway. Pagando alto, porém, Hollywood jamais permitiu que ele se envolvesse nas produções, com uma exceção: *O Velho e o Mar*, que foi feito longe, muito longe da Califórnia.

As relações comerciais de Hemingway com Hollywood começaram logo depois de lançado o romance *O Sol Também se Levanta*. Em dezembro de 1926, dois meses depois do aparecimento do livro, Hemingway já escrevia ao seu editor pedindo que, quanto aos direitos para o cinema, "consiga os melhores, isto é, o máximo de dinheiro possível". Nesta mesma carta, diz que não costuma ir ao cinema e que pouco se importará com as mudanças que possam fazer. Revela também que ele mesmo filmou com uma câmera portátil alemã os habitantes de Pamplona correndo pelas ruas à frente dos touros e sendo derrubados por eles. Considerava uma coisa extraordinária, mas curtinha e sem qualquer valor comercial. Em outro filminho, também na Espanha, ele próprio trabalha um touro numa daquelas touradas de amadores. Mas, apesar dos contatos para a venda dos direitos, *O Sol Também se Levanta* não foi filmado nessa época, quando o cinema mal começava a ter som.

A partir do lançamento de *Adeus às Armas*, os grandes estúdios passaram a disputar as histórias de Hemingway em negociações que podiam ser concluídas em alguns dias ou durar meses com muitas e muitas conversas por telefone e telegramas e visitas ao escritor recluso. Ao longo de trinta anos, Fox, Universal, United Artists, Paramount e Warner pagaram a ele muitos milhares de dólares pelo direito de filmar seus romances e contos. O valor pago pela compra de direitos de um livro de Hemingway por Hollywood, nos anos trinta e quarenta, embora pouco passasse dos cem mil dólares, equivalia aos milhões de dólares que foram pagos nos anos noventa ao autor de *O Parque dos Dinossauros*, por exemplo. Hemingway foi muito bem pago, para os padrões da época. Mas os cheques que recebia eram apenas a compensação pelas dores de cabeça causadas pelas negociações e pelos maus filmes que se realizavam. Seus grandes prazeres na área do cinema, excluídos os cheques, foram as amizades que estabeleceu com Gary Cooper, Marlene Dietrich, Ingrid Bergman e Ava Gardner, atores que muito o amaram e a quem ele muito amou, desde que os conheceu e até ao fim da vida. Nenhum deles jamais falou mal de Ernest Hemingway. De todos, somente Gary Cooper morreu antes dele; apenas dois meses antes.

O primeiro filme feito por Holywood baseado em Hemingway foi exatamente com Gary Cooper: *Adeus às Armas*, cujos direitos de filmagem cedidos à Paramount renderam 24 mil dólares ao autor. Quando o filme ia ser lançado, em 1932, os agentes de publicidade tentaram passar para o público a imagem do autor como um herói de guerra e lutador de boxe. Irritado, Hemingway escreveu uma declaração pública para desfazer essa imagem afirmando que serviu na Itália porque lá era mais difícil de ser morto do que na França. Afirma também que apenas dirigiu ambulâncias e desempenhou ações secundárias sem que jamais tivesse se envolvido "em qualquer espécie de ação heroica". Sua declaração termina dizendo que "embora o senhor Hemingway aprecie a tentativa pública para inculcar-lhe uma personalidade glamourosa, como a de Floyd Gibbons ou do cavalo do Tom Mix, Tony, ele a rejeita e solicita às pessoas da indústria cinematográfica que deixem em paz a sua vida privada". Apesar de ter afirmado que não se importaria com quaisquer mudanças que Hollywood fizesse na adaptação de suas obras, quando assistiu a *Adeus às Armas* ficou deprimido com o final feliz que os roteiristas inventaram e achou o filme abominável.

O Oscar daquele ano incluía todos os filmes feitos entre 1 de agosto de 1932 e 31 de dezembro de 1933. *Adeus à Armas*, de Frank Borzage, indicado para melhor filme, perdeu para *Cavalgada*, de Frank Loyd, mas ganhou o Oscar de melhor fotografia (Charles Bryant Lang Jr.) e de som, para Franklin Hansen.

Em meados da década de trinta, Hemingway se inscreveu na organização Contemporary Historians, a qual pertenciam também John dos Passos, Lillian Hellman e Archibald MacLeish. Seu objetivo era promover a causa do povo espanhol e recolher dinheiro para a República. O ator Fredric March assumiu diretamente uma campanha para angariar fundos e Hemingway participou dela indo a Hollywood e contribuindo pessoalmente com dinheiro. Conseguiu também que vários amigos fizessem doações para a compra de ambulâncias, remédios e instrumentos médicos que seriam enviados à Espanha.

Em 37, trabalhou com Prudencio de Pereda, jovem romancista americano de origem espanhola, na preparação do documentário *A Espanha em Chamas* e atuou diretamente na produção e na filmagem de outro documentário, *A Terra Espanhola*, dirigido pelo holandês Joris

Ivens, tendo John Ferno como cinegrafista. Este filme teve também a participação de Prudencio de Pereda, com quem Hemingway se correspondia desde 34. Para as filmagens, a equipe correu vários pontos da frente de guerra, quando Madri estava sendo violentamente bombardeada. O texto final, escrito por Hemingway foi gravado por Orson Welles, que ainda não havia feito seu célebre programa de rádio sobre os invasores extraterrestres. A gravação, porém, não foi aprovada e o filme terminou sendo narrado pelo próprio Hemingway.

Quando *A Terra Espanhola* ficou pronto, foi exibido para a família Roosevelt, na Casa Branca. Diz-se que, na estreia em Nova York, Hemingway assistiu à exibição ao lado de Orson Welles. No final, o jovem Welles disse que o filme era uma merda e, segundo Aaron Hotchner, os dois se atracaram aos sopapos.

Durante a Guerra Civil, também se deu o lançamento do romance *Ter e Não Ter*, cujos direitos de filmagem foram logo vendidos para o milionário Howard Hughes por dez mil dólares. Mas Hughes não produziu o filme; apenas manteve os direitos.

Para a venda dos direitos de *Por Quem os Sinos Dobram*, o autor aceitou a intermediação de um agente, Donald Friede, que ele conhecia desde a década de vinte, quando o senhor Friede era sócio de Horace Liveright. Friede ligou para ele indagando se tinha agente em Hollywood. Hemingway respondeu que não e se interessou. No primeiro encontro, em Sun Valley, como Friede ainda não havia lido o romance, Hemingway deu-lhe um exemplar que foi lido imediatamente. Certo de que daria um bom filme, ou melhor, um bom negócio, Friede partiu para Hollywood, isto é, para as negociações.

Como Gary Cooper também estava em Sun Valley com a esposa, Hemingway comentou com ele que, se o livro fosse negociado, Cooper daria um ótimo Robert Jordan, o personagem principal. Há algum tempo, ele e Cooper vinham se encontrando ali mesmo, no Idaho, para caça e esportes de inverno. Amantes das caçadas e do esqui, fizeram-se amigos, mas nenhum dos dois tratava o outro como escritor e ator famosos. Respeitavam-se mutuamente, como caçadores e pelo conhecimento que tinham da natureza. Com o tempo, a amizade aprofundou-se ternamente.

No final de outubro de 41, os direitos de *Por Quem os Sinos Dobram* foram afinal vendidos para a Paramount Pictures por mais de cem mil dólares. Há quem diga 136 e há quem fale em 150. Até aquele momento, era o valor mais alto pago por direitos de filmagem de um livro. Norberto Fuentes conta que Gregório, o piloto do barco de Hemingway, estava com o patrão a bordo do Pilar atracado no porto de Havana quando chegou o cheque e o patrão fez festa agitando o papelinho e gritando que agora estavam com a velhice garantida. Mas há uma outra versão contando que Hemingway estava com Martha em Nova York, a caminho de Los Angeles para a viagem ao Oriente, quando Donald Friede entregou-lhe um cheque de cem mil dólares e saíram todos para festejar no Lindy's Bar.

Por essa época, Hemingway escreveu a Prudencio de Pereda que "você deve ser terrivelmente bom fazendo documentários e oxalá pudéssemos fazer um juntos". Anexada a esta carta, enviou uma declaração de referência: "Se neste momento eu me dedicasse aos filmes documentários, não pensaria em trabalhar com outro a não ser com Prudencio de Pereda." Mas ficou nisso. Os dois não voltaram a trabalhar juntos.

Em 42, quando leu o roteiro de *Por Quem os Sinos Dobram*, que seria dirigido por Sam Wood, Hemingway gostou de alguns aspectos e achou outros péssimos, sobretudo as cenas de amor e a aparência dos personagens espanhóis, que lhe lembravam os de *Sangue e Areia*, filme que ele detestava. Devolveu o roteiro sugerindo cortes, alterações, e acréscimos "absolutamente necessários". Até ameaçou declarar publicamente sua oposição se o roteiro não fosse revisto. Mas tudo acabou bem com Hollywood aceitando quase todas as sugestões. No entanto os contatos pararam aí. Ninguém voltou a consultá-lo e não o chamaram para mais nada a respeito do filme.

A escolha da atriz para o papel de Maria também foi outro caso bem ao estilo hollywoodiano da época. Bisbilhoteira, a imprensa noticiou que Hemingway vira Ingrid Bergman, em *Intermezzo*, e que adoraria se ela fizesse o papel. Por sua vez, David Selznick, dono do contrato da atriz, plantou a notícia de que pensara em comprar os direitos do livro para fazer o filme com Miss Bergman, mas andava tão exausto depois de suas recentes produções (... *E o Vento Levou* e *Rebeca*) que não se sentira com forças para enfrentar outro desafio tão difícil. Pelo noticiário, conseguiu fazer todo mundo acreditar que o papel era próprio para Ingrid; que ela seria a única e mais verdadeira Maria. Acontece que Hemingway estava mesmo desejando ver Miss Bergman no papel.

Ao saber que o autor de *Por Quem os Sinos Dobram* estava de passagem por Los Angeles, Selznick conseguiu arranjar um almoço de Ingrid com Hemingway. O encontro foi cordial e agradável. O escritor encantou-se com a beleza da atriz e saiu dali preparado para fazer o possível a fim de conseguir o papel para ela. Naquele almoço, os dois começaram uma amizade que jamais seria desfeita. Infelizmente, porém, o desejo deles quanto ao filme parou ali. A Paramount, que havia gasto muito dinheiro com o pagamento dos direitos do livro e com a liberação de Gary Cooper, ator da Metro, decidiu economizar com a atriz e deu o principal papel feminino à norueguesa Vera Zorina, mais conhecida como bailarina do que pelos pequenos papéis que havia feito em dois filmes não importantes. Diz-se que Ingrid Bergman, que terminava de fazer *Casablanca*, chorou e esbravejou quando soube que havia perdido o papel e, o que era pior, para uma atriz sem talento.

O acampamento de filmagem foi montado em Sierra Nevada, aqueles paredões graníticos do leste da Califórnia. Mas nem tudo corria bem nas filmagens. Quando chegou a Hollywood o resultado de três semanas de trabalho, os figurões do estúdio viram que a atuação da atriz era tão ruim que imediatamente a substituíram por Ingrid Bergman, para a alegria de Hemingway. Completava-se assim o principal elenco de personagens espanhóis do filme: um russo fazendo Pablo (Akim Tamiroff), uma grega como Pilar (Katina Paxinou) e uma sueca fazendo Maria.

Por Quem os Sinos Dobram estreou em Nova York em julho de 43, quando Hemingway se encontrava a bordo do Pilar. Max Perkins escreveu-lhe contando que gostara mais de Katina Paxinou e Akim Tamiroff (atores coadjuvantes) do que de Bergman e Cooper. Ao ler esta carta, Hemingway deduziu que Hollywood fracassara de novo e desejou que jamais o obrigassem a ver o filme. Respondeu a Perkins acreditando que "tudo saiu mal no filme, embora não o tenha assistido. (...) Desde o princípio Sam Wood se empenhou em transformá-lo numa grande história de amor e nada mais, e naturalmente esqueceu-se do que a história realmente tratava".

Nesse mesmo ano, Howard Hawks, um dos diretores que trabalhavam para a Warner, fundou a H-F Productions, uma companhia independente. Com ela, comprou os direitos de *Ter e Não Ter*, pagando 97 mil dólares ao primeiro comprador, Howard Hughes, que a havia comprado do autor por apenas dez mil. Pouco depois, Hawks revendeu os direitos à Warner, agora por 128.500 dólares mais 20% dos lucros brutos do filme até três milhões. Hemingway nada recebeu dessas revendas pois havia passado a história sem qualquer direito sobre negociações posteriores.

A entrega do Oscar para os filmes lançados em 43 aconteceu a 2 de março de 44. Pela primeira vez a festa foi feita no Chinese Theatre e não num banquete, como anteriormente. *Por Quem os Sinos Dobram* concorreu nas categorias de Filme (perdeu para *Casablanca*); Ator (Gary Cooper perdeu para Paul Lukas, em *Horas de Tormenta*); Atriz (Ingrid Bergman perdeu para Jennifer Jones, em *A Canção de Bernadette*); Ator Coadjuvante (Akim Tamiroff perdeu para Charles Coburn, em *Original*

Pecado). A única estatueta conseguida foi para Katina Paxinou, como Atriz Coadjuvante.

A Warner partiu então para a produção de *Ter e Não Ter*, deixando a direção com Howard Hawks, que exigiu inteira liberdade. Hawks, que já conhecia Hemingway, escreveu-lhe pedindo alguma ajuda: se ele sabia de algum político de Cuba que pudesse ajudar ou de algum patrão de barco que conhecesse bem os arrecifes e as ilhotas do Golfo e Havana. Mas, por coisas de Hollywood e de diplomacia internacional, a história terminou sendo ambientada na Martinica. O resultado foi um filme *noir* que se tornou um dos mais cultuados da dupla Bogart-Bacall, embora o roteiro criado por William Faulkner quase nada tenha a ver com o romance. De duas versões de *Ter e Não Ter* que foram feitas depois, nenhuma chegou ao nível do filme de Howard Hawks. Uma delas, dirigida por Michael Curtiz, com John Garfield, bem fiel ao romance, foi um fracasso de público enquanto a de Bogart-Bacall fora um grande sucesso.

A seguir foi a vez do conto *Os Assassinos*, escrito nos anos vinte. Os direitos foram cedidos ao produtor Mark Hellinger por 37.500 dólares e o filme foi feito pela Universal Pictures, sob direção de Robert Siodmak. Em 46, quando Hemingway estava em Ketchum, houve uma sessão privada desse que se tornou o único dos filmes de obras suas que agradou ao autor. Em dezembro, quando ele e Mary passaram por Nova York hospedaram-se numa suíte decorada do hotel Sherry-Netherland, por cortesia de Mark Hellinger e da Universal. Com o relativo sucesso de seu filme, Hellinger interessou-se por comprar os direitos de mais quatro histórias de Hemingway a 75 mil dólares cada e 10% a partir do lucro acima de um milhão de dólares.

Os Assassinos concorreu ao Oscar em apenas uma categoria, a de Robert Siodmak, indicado para Melhor Diretor, mas a estatueta foi para William Wyler, por *Os Melhores Anos de Nossas Vidas*, o grande vencedor daquele ano.

No final da década de quarenta, quando o Senado e Hollywood estavam mergulhados na caça aos comunistas, foram feitos dois filmes de pouca repercussão, baseados em dois contos de Hemingway: *A Breve e Feliz Vida de Francis Macomber*, cujos direitos foram vendidos por 75 mil dólares, e *Under My Skin*, a partir do conto *Meu Velho*, vendido por 45 mil. Em seu livro sobre Hemingway, Aaron Hotchner conta que, quando *A Breve e Feliz Vida de Francis Macomber* ficou pronto, Zanuck, o produtor, ligou para Hemingway pedindo um outro título. Alegava que o nome do conto era muito longo. O ideal seria um título curto, que coubesse facilmente no cartaz e que fosse atraente para os dois sexos. O escritor silenciou por algum tempo e, por fim, respondeu que encontrara um título perfeito, com uma só palavra, e gritou as iniciais: "F de Federal, U de Universal, C de Culver e K de RKO".

Depois do sucesso de público do filme em que fez Joana d'Arc, em 1948, Ingrid Bergman deixou o marido nos Estados Unidos e partiu para a Itália, onde filmou *Stromboli* e assumiu seu romance com o diretor Roberto Rosselini. Foi o grande escândalo da época, abalando estúdios e fãs de Ingrid que, se sentindo humilhada, permaneceu na Itália, num autoexílio, até 56, quando voltou para fazer *Anastácia* e ganhar o Oscar de Melhor Atriz. Durante seu exílio, manteve a amizade com Hemingway, que foi visitá-la em Milão, quando a amiga fazia Joana d'Arc no teatro, sob direção de Rosselini.

Em 52, Ava Gardner fez seu segundo filme baseado em obra de Hemingway: *As Neves do Kilimanjaro*, com Gregory Peck fazendo o papel do escritor ferido. Era uma produção de Darryl F. Zanuck, que Hemingway detestava e a quem às vezes chamava Darryl F. Panic. As poucas cenas do filme em Paris são um vexame. E o final do filme também foi distorcido, deixando o herói vivo, o que fez Hemingway dizer que, se deixassem vivo também o Coronel Cantwell, de *Do Outro Lado do Rio, Entre as Árvores*, o filme poderia muito bem se chamar *Do Outro Lado de Selznick, Por Entre Zanuck*.

Com *O Velho e o Mar*, as negociações começaram logo depois do lançamento da novela. Em dezembro de 52, Hemingway recebeu a visita de Hayward Leland, que pretendia fazer o filme. Leland era o importante produtor que fizera *South Pacific* e *Oklahoma* e que convencera o pessoal da *Life* a lançar *O Velho e o Mar* num único número da revista.

O plano inicial era que o filme fosse dirigido por Vittorio De Sica e narrado por Spencer Tracy, utilizando o máximo de nativos de alguma aldeia de pescadores de Cuba. Poderiam começar as filmagens dentro de um ano e meio. Hemingway coordenaria as sequências com tubarões, soltando as iscas ao longo do costado de um bote, com as câmeras montadas na ponte do Pilar. Quanto a dinheiro, o acordo firmado com Hayward garantia a Hemingway uma antecipação de 25 mil dólares pelo uso da obra literária e quantia igual pelos seus serviços na supervisão do trabalho com os tubarões, no Caribe, e com os marlins, ao largo da costa do Peru, onde era possível encontrar marlins azuis de até quinhentos quilos.

Em abril de 53, Leland Hayward voltou à Finca, acompanhado de Spencer Tracy, de quem Hemingway observou a inteligência e a modéstia. Mas o filme, devido a outros compromissos da equipe, não podia ser feito imediatamente.

No ano seguinte, Leland voltou a procurá-lo, agora com o roteirista Peter Viertel. A bordo do Pilar, os dois acompanharam uma sessão de pesca e puderam ver Hemingway fisgar e trazer para bordo três macaíras das águas do Golfo. Nesta visita, decidiu-se que Viertel terminaria o roteiro do filme antes de setembro, quando chegariam as equipes para as sequências preliminares.

A essa altura os planos iniciais já haviam sido mudados. Spencer Tracy, de narrador, passaria a interpretar o pescador Santiago e a direção do filme ficava com Fred Zinnemann, que recebera o Oscar de 53 com *A um Passo da Eternidade*, baseado no romance de James Jones.

Quando Hemingway afinal leu o roteiro fez muitas e muitas anotações, detalhes a respeito da pesca profunda. São notas que mostram todo o seu conhecimento a respeito da técnica dessa pesca, revelando também o seu interesse em conseguir o máximo de precisão no filme, coisa que lhe parecia jamais ter interessado a Hollywood. Mas Spencer Tracy continuava comprometido com outros trabalhos e só estaria disponível a partir de 55.

Finalmente começaram as filmagens e o diretor já era John Sturges. Até setembro, não se havia conseguido nenhuma boa sequência de ação com um peixe realmente grande. O clima de trabalho da equipe também não era nada bom, com muitas discussões, inclusive do senhor Tracy. Nem ao largo do Peru as coisas melhoraram. Por duas semanas, navegando muitas vezes em mar agitado, do amanhecer ao pôr do sol, não conseguiram nenhum peixe fenomenal. Hemingway chateava-se mais e mais, arrependido de estar em meio àquela gente de cinema que nada tinha a ver com ele. Um dos principais problemas era que quando aparecia algum grande peixe nem sempre as câmeras estavam preparadas. Mas ele conseguiu afinal fisgar um marlim azul de 340 quilos e deu-lhe linha bastante para que o peixe desse alguns grandiosos saltos diante da câmera. Terminada a filmagem, do que menos Hemingway queria saber era de cinema e de sua gente. Alegria mesmo só houve entre os moradores da aldeia cubana de Cojímar, cujos habitantes, velhos e jovens pescadores bem conhecidos do Papa Hemingway, atuaram como figurantes e ajudaram em pequenos ofícios recebendo bons pagamentos em dinheiro.

Quando *O Velho e o Mar* foi lançado, Hemingway assistiu ao filme inteiro e achou que Spencer Tracy não era mais que um ator muito rico e muito gordo a representar um pescador. Tracy, no entanto, foi indicado para o Oscar, mas o perdeu para David Niven, pelo filme *Vidas Separadas*. *O Velho e o Mar* recebeu a estatueta de Música de Filme Não-Musical, pela trilha de Dimitri Tiomkin. Foi o último filme baseado em Hemingway a receber indicações para o Oscar.

Em 57, Zanuck e Selznick, já em fase de declínio, entraram novamente em ação. Selznick refilmou *Adeus às Armas* e Zanuck fez *O Sol Também se Levanta*, com Tyrone Power fazendo Jake Barnes e Ava Gardner como Brett Ashley, seu terceiro e último personagem de Hemingway. Mas o escritor nada recebeu por esses filmes: seus direitos haviam sido vendidos há muito tempo e sem cláusula que permitisse um novo pagamento. O mesmo aconteceu com a terceira versão de *Ter e Não Ter*, feita com Audie Murphy, em 58. Hemingway não suportou nenhum desses filmes.

Depois disso, o produtor da Fox, Jerry Ward, propôs a compra de dez histórias curtas, todas com o personagem Nick Adams, oferecendo cem mil dólares como pagamento. O velho lobo Hemingway, que havia recebido uma soma igual só por *As Neves do Kilimanjaro*, pediu novecentos mil dólares. A contraproposta da Fox foi de 125 mil. Como o autor não queria perder o negócio, baixou seu teto para quinhentos mil, mas não houve aceitação e as histórias foram vendidas pelos 125. O mesmo não aconteceu com *Do Outro Lado do Rio, Entre as Árvores*. Embora desejasse que o filme fosse feito com Gary Cooper, Hemingway rejeitou tanto a proposta de Jerry Ward quanto a da Columbia Pictures, que até lhe enviou um cheque inicial de 50 mil dólares. Escaldado, pretendia vender os direitos de modo não definitivo, como um "acordo de arrendamento a curto prazo", ou seja, apenas para a primeira versão. Se quisessem uma versão posterior, teriam que pagar novamente.

Embora outros filmes ainda tenham sido feitos depois de sua morte, foi assim que terminaram as relações de Hemingway com os produtores de Hollywood. Relações nem um pouco agradáveis; nada francas, nada límpidas e nem afetuosas como aquelas com os seus editores. Hemingway sempre manteve uma certa distância da terra do cinema. Por sua vez, a terra do cinema jamais produziu um grande filme a partir de alguma obra sua. No entanto, Hollywood conseguiu fazer belos filmes a partir de livros de John Steinbeck, Theodore Dreiser, James Jones e de muitos romances literariamente inferiores aos de Ernest Hemingway.

A vida por decifrar

Quando não consigo escrever (escrever de acordo com as regras mais estritas que eu conheço) então escrevo cartas.

– *Carta a W. G. Rogers*

Paris é cidade vaidosa. Ama que escrevam sobre sua história, sua geografia, suas belezas, o comportamento e os modos de vida de sua gente, tudo. E se derrete deixando-se fotografar; mais ainda quanto melhor o fotógrafo. Ao cinema, entrega-se. Sempre gostou de embelezar-se e seus filhos cultuam a beleza, a elegância, o bem-vestir. Paris ama o belo e o amor. A aura de romance talvez seja uma das mais estampadas em sua face vendida para o exterior. (*Meia-noite em Paris*, o filme de Woody Allen é o seu exemplo máximo deste começo de século XXI.) Em muitos desses detalhes, Hemingway indentificou-se com Paris. Identificou-se mais do que com qualquer outra cidade. Nenhum outro escritor foi mais fotografado que ele; nenhum teve mais fotografias suas divulgadas pela imprensa. Detalhes de seu dia a dia eram documentados por fotógrafos profissionais ou não. Onde fosse visto era fotografado.

Quando chegou em Paris, aos 22 anos de idade, era um belo rapaz, forte, atlético, elegante. A sucessão de marcas e cicatrizes foi, com o tempo, endurecendo a beleza juvenil e tornando o rosto mais rude enquanto a pele se ressentia com o excesso de exposição ao sol. A partir dos cinquenta anos, com a calvície acentuada, deixou-se levar por um toque de vaidade e deu de disfarçá-la cobrindo o alto do crânio com os longos cabelos do lado direito penteados para a frente ou para a esquerda. Romântico, sofreu por amor e casou-se apaixonado por cada uma das suas quatro mulheres. Sedutor, cada um dos seus três primeiros casamentos acabou em infidelidade. A partir de Hadley, jamais viveu sem mulher. Em alguns pontos, porém, o homem e a cidade se comportaram de modos muito distintos. Se Paris sempre se reergueu, fosse qual fosse a situação de impotência e humilhação que lhe tivesse sido imposta pelos inimigos, Hemingway, desde a juventude, considerou que, em caso de desespero, o homem deve escolher a morte como saída. Quando se julgou impotente para um novo renascimento, assumiu a escolha do próprio final; não simplesmente por estar depressivo, mas por estar consciente de um possível amargo fim e, desde jovem, ter assumido que anteciparia esse fim. Também ao contrário de Paris, Hemingway odiava que se envolvessem com sua vida privada; que a vasculhassem e escrevessem sobre ela. Biografias? Nem pensar.

É tão vasto, surpreendente e enigmático o universo existencial de Ernest Hemingway que os biógrafos, há setenta anos, se deliciam com cada descoberta, saque ou nova interpretação, arriscando-se também a se perderem no emaranhado dos fatos, das diferentes versões, sentimentos, ideias e aparentes contradições. Mesmo em tempo de internet, o leitor que se inicia em Hemingway pelas biografias conhecerá o homem a partir dessas interpretações pessoais. E isto vem de longe! Desde que alcançou a ponta na vendagem de livros, sua privacidade interessou à imprensa de jornais e revistas. Ainda nos anos vinte, começou-se a bisbilhotar sua vida, julgando-se que ela devia ser tão intensa quanto a dos seus personagens. A partir dos anos trinta, tornou-se uma espécie de queridinho das revistas e jornais. Qualquer atitude que tomasse publicamente ou que se pudesse descobrir, tornava-se notícia. Depois dos anos quarenta, tudo que lhe acontecesse, que ele fizesse ou dissesse, alcançava ares de grande importância. Estava criada uma imagem pública de Ernest Hemingway que mais aparecia quanto mais ele fechava sua vida particular. Não aceitava que fossem publicadas biografias suas pois achava que esmiuçar a vida de um escritor nada significa em relação à sua obra. No final da década de 40, os biógrafos começaram a investigar seu passado entrevistando gente de Oak Park, Kansas City e Toronto. Surgiram as primeiras biografias, os primeiros ensaios de interpretação psicológica. Hemingway pôde ver uma ou outra e manifestou-se a respeito: "Sempre me comportei como pessoa ajustada, embora alguns biógrafos de meia tigela tenham procurado provar o contrário". Depois de sua morte, cresceu o número de livros sobre ele. Algumas dessas muitas biografias foram aceitas pela família, que repudiou outras, por detalhes falsos ou sensacionalistas. Certo é que a vida de poucas personalidades do século XX foram tão pesquisadas, interpretadas e alvo de conclusões tão variadas quanto a dele.

Quem se inicia no emaranhado que é Ernest Hemingway, vê-se envolvido em três leituras distintas: a própria obra do escritor, rica em detalhes autobiográficos; os estudos críticos, entre os quais se destaca o primeiro livro de Carlos Baker, *O Escritor como Artista* (que havia sido aprovado por Hemingway, embora discordando da insistência de Baker em ver símbolos em tudo) e as biografias. Para os críticos literários, Hemingway nunca foi unanimidade. Os que o comparam com Faulkner, sempre preferem Faulkner; aqueles que se livram da comparação, admiram os dois. Com a chegada do fim do século XX, vários jornais e revistas mundo afora, arregimentaram críticos e professores para selecionar os melhores romances desses cem anos. No Brasil, a *Folha de São Paulo* não fugiu à regra. Convocou professores de literatura, críticos e romancistas para a sua versão dos cem melhores do século. Nenhum livro de Hemingway foi indicado; nem *O Sol Também se Levanta*, nem *Adeus às Armas*, nem *Por Quem os Sinos Dobram*. Nem *O Velho e o Mar*. No entanto, apareceram cinco romances de William Faulkner, três de Virginia Woolf, três de Joseph Conrad, três de Samuel Beckett, três de Henry James, dois de André Gide, dois de Vladimir Nabokov e dois de Louis-Ferdinand Céline, além de obras de Scott Fitzgerald, John Steinbeck, John dos Passos, Theodore Dreiser e até de Anthony Burgess, Philip Roth e Truman Capote. Hemingway, com certeza, quebraria algum vaso se lesse isto. Mas, se sempre se irritou com os críticos que falaram mal dele, eram os biógrafos que o irritavam muito mais. Costumava dizer a quem quisesse escrever sua biografia que sua vida "não era mais importante do que o meu corpo depois de eu morrer".

Em geral, jamais buscam saber ou entender causas e motivos das brigas e rompimentos. (Às vezes, não havia mesmo.) E nunca assinalam as muitas amizades duradouras e profundas com pessoas que sempre amou e foi amado por elas, gente como Max Perkins, Charles Scribner e Charles Scribner Jr. (seus editores), Marlene Dietrich (uma das raras pessoas com quem demorava ao telefone e a quem escreveu cartas pela vida afora), Ingrid Bergman, Gary Cooper, o general Charles T. Lanham (o querido Buck, da campanha pela expulsão dos alemães da França), Sylvia Beach, John dos Passos e Kate Smith, Howell Jenkins, Bill Horne (velhos garotos do tempo das ambulâncias na Itália), a família Connable (do Canadá), os irmãos italianos Gianfranco e Adriana Ivancich, Philip Percival (o guia dos dois safáris), Antonio Ordóñez (o *matador*), Ava Gardner (que, se diz, tomava banho nua na piscina da Finca), Aaron Hotchner, Gregorio Fuentes (o piloto do Pilar), além de gente de muitos outros meios e profissões como Waldo Peirce (pintor), Bud Purdy (rancheiro em Ketchum), Leonard Lyons (jornalista), Evan Shipman (poeta) e todos os habitantes de São Francisco de Paula, onde morou. Era toda uma gente para quem a Finca Vigía esteve sempre aberta. Também não há qualquer sinal de inimizades suas em Key West ou Havana.

Do ponto de vista quantitativo, os anos sessenta representam a grande década das biografias. Com a morte ainda recente, alguns autores se apressaram. Houve polêmica e desentendimentos a partir de várias delas. Desse período, a mais valiosa é a de Carlos Baker, *O Romance de uma Vida*, tal a riqueza de detalhes colhidos quando os arquivos do escritor ainda estavam fechados numa biblioteca americana e nem tudo que aparecia ou se dizia dele podia ter credibilidade. Abordada por todos os aficionados como obra de referência indispensável, é um vigoroso volume de seiscentas e tantas páginas, em formato grande e letra miúda.

Nos anos setenta, a família tomou a si o dever de publicar alguns acertos, desfazendo detalhes que considerava falsos ou fantasiosos. Para isto, alguns parentes lançaram suas próprias versões biográficas: a irmã mais velha (Marcelline), o irmão mais novo (Leicester), o terceiro filho (Gregory) e Mary Welsh, a última esposa, todos publicaram suas versões. Para cada um, sua narrativa era a verdade decisiva.

Na chegada dos anos oitenta, quando já se pensava que os ânimos se haviam acalmado e se julgava que nada mais havia a dizer, tudo continuou. Sem o clima emocional daqueles que haviam conhecido o Papa Hemingway e convivido com ele, chegara a vez dos estudos livres de sensacionalismo e das teses universitárias, com buscas de novos documentos e pesquisas feitas por autores que não o conheceram. E começaram a surgir as biografias restritas a determinados períodos ou fases do escritor, ricas em fotografias inéditas e novos dados colhidos em entrevistas com pessoas que o conheceram. Uma dessas é a do jornalista cubano Norberto Fuentes, *Hemingway em Cuba*. É obra restrita à ilha: o cotidiano na Finca, os amigos, visitantes, atividades, comportamento e atitudes em relação à revolução cubana. Inclui, em primeira mão, documentos, cartas, poemas e um diário de guerra, num laborioso trabalho que veio preencher o vazio a respeito do exílio cubano. Com prefácio de Gabriel García Márquez, a obra traz entrevistas com empregados de Hemingway, médicos, vizinhos, donos de bar, garçons, pescadores... gente que relembra o Papa com intenso carinho e saudade. Fuentes escreveu também o texto para *Ernest Hemingway Retrouvé*, um álbum com fotos de Roberto Herrera Sotolongo e Jean-Paul Paireault.

Outro livro de leitura fascinante é o de Peter Griffin, *O Jovem Hemingway* (*Along with Youth – Hemingway, the Early Years*) que, não pode ser confundido com uma obra anterior, de Michael Reynolds, chamada *The Young Hemingway*. O livro de Griffin é dedicado aos primeiros vinte e dois anos do escritor, ou seja, do nascimento até a partida dos Estados Unidos para morar em Paris. A base documental vem sobretudo da correspondência de Hadley com Hemingway (hoje arquivada na Biblioteca John F. Kennedy) e de Hemingway para Bill Horne, o velho Bill dos tempos de juventude. O que aparece é um garoto inteiramente novo aos olhos do leitor habituado às biografias anteriores, em geral pesadas. O encarte fotográfico (quase todas as biografias de Hemingway têm sido publicadas com fotografias) é rico e envolvente.

No Brasil, além de várias traduções das obras americanas, também surgiram biografias e estudos, alguns muito bons; outros, os primeiros, ainda com falhas de informação. Já em 1961, apareceu uma biografia sumária, como um dos capítulos de *Os Romancistas*, escrita por Marcos Reis, que começa dando 1898 como a data de nascimento de Hemingway e termina com uma nota informando que o livro já estava em composição quando o escritor morreu, "vitimado por um disparo de fuzil, ocorrido quando limpava a arma" e "acredita-se que o disparo não tenha sido acidental".

A editora Bruguera, em 71, publicou um perfil biográfico escrito por Otto Maria Carpeaux acompanhado de antologia de trechos dos romances de Hemingway e de *Paris é uma Festa*. O estudo crítico é brilhante, mas o lado biográfico soa hoje como um vexame de desinformação. Sem conhecer ainda a biografia de Carlos Baker, (lançada em 1969, nos EUA, e, no Brasil, no mesmo ano em que a Bruguera lançou o seu), Carpeaux deixou-se levar pelos poucos resumos biográficos então existentes e o resultado é uma sucessão de inverdades e interpretações apressadas. Carpeaux diz que a mãe de Hemingway (sem citar o nome) "era mulher ambiciosa e exigente, que fracassara na carreira de cantora". Afirma que "em nenhuma obra de Hemingway e em nenhuma das suas conversas registradas, o pai é diretamente mencionado" e pergunta se "será que esse silêncio esconde um complexo de Édipo?". Dá que Hemingway fugiu de casa, aos 17 anos, para trabalhar em Kansas City (na verdade, foi levado pelo próprio pai até a estação, numa viagem consentida, e já tendo feito dezoito anos). Diz que o primeiro casamento foi feito em 1920, mas foi em 21; que Hem abandonou Hadley "logo depois da conquista do sucesso literário" (quando o casal se separou, *O Sol Também se Levanta* ainda não havia sido lançado; o divórcio, sim, veio depois); apresenta Gertrude Stein como "monstruosamente feia e gorda" e a americana Pauline Pfeiffer como sendo "uma austríaca". É verdade que Carpeaux confessa a sua impossibilidade "de relatar detalhes", pois "não existe, até hoje, nenhuma biografia completa", mas, mesmo assim, faz afirmações e interpretações audaciosas, como a de que Hemingway, ao fugir de casa, "parece que nunca mais chegou a rever o chamado torrão natal, que se lhe tornara tão odioso como os pais e o país inteiro". Se comete esses deslizes, Carpeaux é brilhante (como em tudo o mais que escreveu) na análise da obra de Hemingway. Considera *Adeus às Armas* o seu melhor romance, uma obra clássica, e diz que "a influência de Hemingway é sensível no romance existencialista de Sartre, na literatura neorrealista dos italianos Pavese, Moravia, Cassola e Rea, nos espanhóis Cela, Goytisolo, Aldecoa, no neo-objetivismo dos alemães Uwe Johnson e Wellershoff, em numerosos escritores escandinavos, holandeses, checos, húngaros, até num persa como Hidayat e ainda lembra, em relação à literatura norte-americana, que o crítico Aldridge, "que nunca morreu de amores pelos livros de Hemingway, atestou-lhe a influência avassaladora sobre todos os jovens escritores de sua geração e da geração seguinte". Infelizmente (ou por cortesia), não apontou a influência do Papa Hemingway sobre os escritores brasileiros. Quantos teriam escapado?

Na coleção Encanto Radical, da Brasiliense, apareceu *Ernest Hemingway*, uma pequena biografia romanceada escrita por Eustáquio Gomes. Em 88, a Ática lançou um estudo crítico, *Ernest Hemingway*, do professor universitário Julian Nazario. Com uma breve introdução biográfica, talvez seja o melhor trabalho brasileiro escrito sobre Hemingway. Em 90, a editora Martin Claret publicou *Hemingway Por Ele Mesmo*, uma antologia com trechos de obras de Hemingway e de biógrafos, além de cronologia e reproduções fotográficas. Por último, em 91, pela L&PM, apareceu *Hemingway na Espanha*, de Eric Nepomuceno, um perfil do escritor a partir de sua relação com a terra espanhola.

Mas ninguém escreveu sobre Ernest Hemingway com mais amizade e ternura do que Marlene Dietrich. Em sua autobiografia, Marlene relembra Ernest como um dos seus grandes amigos, lamenta e chora a sua morte e declara o grande amor que os uniu sem que jamais houvesse tido sexo entre eles, apesar dos comentários maldosos. Desde que o conheceu, naquele banquete em que havia doze à mesa e Hemingway se ofereceu para que, com ele, formassem catorze, desde aquele momento, "imediatamente o amei". Hemingway "era o meu Rochedo de Gibraltar". Escreviam-se cartas com regularidade; encontravam-se sempre que possível. Ele "foi a âncora, o sábio, a pessoa que resolvia os problemas, o melhor de todos os meus conselheiros, o chefe da minha igreja privada." (...) "Ele me falta terrivelmente." (...) "Era capaz de ser muito mais feliz do que qualquer de nós. E o que era mais importante, sabia manifestar sua alegria. Era como se pinceladas de luz surgissem de seu enorme corpo para iluminar-nos e fazer brilhar nossos olhos". Afirma que Hemingway "possuía uma capacidade de ser feliz que contrastava espantosamente com seu aparente desespero e sua trágica decisão" e diz que "meu amor por Hemingway não foi passageiro". Marlene informa que guardou as cartas dele com devoção, que eram íntimas, que jamais as venderia e que ninguém haveria de ganhar dinheiro com elas. (Infelizmente, em 97, cinco anos depois da morte de Marlene, seus netos puseram as cartas em leilão.) E, sobre Marlene, Hemingway escreveu: "Sei que cada vez que vi Marlene Dietrich, ela mexeu em meu coração, me fez feliz. Se é isto o que a torna misteriosa, é um belo mistério, um mistério que nós há muito sabíamos existir". Também foi muito elevado o nível de compreensão e de conhecimento que se estabeleceu entre os dois, conforme revela o próprio Hemingway: "Quando acabo um texto que considero bom e ela o leu e disse que gostou, fico então completamente feliz. Como conhece os temas de minhas novelas – personagens típicos, ambiente, a vida, a morte e a moralidade – ouço sua opinião em lugar da dos críticos. Pois ela conhece o que é o amor, porque sentiu toda sua realidade ou sua ausência; aprecio mais a sua opinião que a dos professores. Pois considero que ela sabe mais do que ninguém sobre o amor". Em tais relações afetuosas, poucos biógrafos se apegam; a maioria prefere enaltecer brigas, desavenças e rompimentos. Também amante ardorosa de Paris, foi lá que Marlene viveu seus últimos tempos de vida, morando na Avenue Montaigne, pertinho do luxuoso hotel Plaza Athénée, aonde ia para o chá de todas as tardes.

Apesar de tanta gente ter escrito sobre ele, nenhuma biografia é mais verdadeira e revela mais Ernest Hemingway do que as cartas de Ernest Hemingway. Ele jamais escreveu diários. Suas cartas, porém, revelam extremamente o homem em suas mudanças ao longo dos anos. Seja assinando Ernie, seja Tatie ou Hemmy ou Papa ou Pappy ou, mesmo, Ernest, Ernest Hemingway ou, simplesmente, EH, como quer que assinasse, suas cartas compõem o mais fiel e correto retrato desse homem que tanto lutou por sua privacidade.

Pelo cálculo de Carlos Baker, de sua primeira carta que se conhece à última, são cerca de sete mil, todas disponíveis na Biblioteca Kennedy, o que dá uma média pela qual Hemingway escreveu uma carta a cada dois dias de sua vida. Jamais deixava a correspondência acumular muito e sempre diferenciou uma carta, algo estritamente pessoal, de sua prosa literária. Sem qualquer censura, técnica ou elaboração de estilo, apenas deixava fluir a expressão de sua vontade ou dos sentimentos, algumas vezes com desenhos. Salpicava as páginas com expressões francesas, espanholas, italianas e alemãs. Mesmo nas fanfarronices, gabolices ou pequenas mentiras, era verdadeiro consigo mesmo. Escrevia cartas formais, quando havia necessidade, com a mesma naturalidade com que era coloquial com os filhos e os amigos. Pelo tratamento inicial, sabe-se o grau de afeto dado por ele. O filho Patrick, é Mousie; Gregory, é Gigi. Gary Cooper é simplesmente Coops; Marlene Dietrich é *minha querida Marlene* ou Kraut. Em 1928, Max Perkins era saudado como *caro senhor Perkins*; dez anos depois, já se tornara *querido Max*. Consciente da bisbilhotice da imprensa em torno de sua vida, quando lhe acontecia algo ruim, imediatamente escrevia aos amigos para que eles não soubessem pelos jornais, com a informação talvez deturpada. Nas cartas, conforme o momento e a quem sejam dirigidas, é carinhoso, afetuoso, amoroso, decidido, frio, comercial, agressivo, paternal, alegre, gabola, metafórico, fanfarrão e mentiroso, como convém a um bom caçador e a todo pescador que se preza.

O fim de um romance

Morrer é uma coisa muito simples.

– *Carta aos pais*

Mesmo sendo homem tão forte, a partir dos acidentes na África, o vigor e a saúde de Hemingway perderam-se para sempre. O olho e o ouvido esquerdos jamais se recuperaram completamente. Ficaram dores nas costas. Pressão, colesterol e fígado tinham de estar sempre vigiados. Estados de melancolia e depressão se sucediam e o processo de envelhecimento acentuou-se com rapidez. Seu estado de decadência física parecia visível pois, em meados de 58, a redação do vespertino parisiense *Le Monde* pediu ao escritor Robert Escarpit que escrevesse um necrológio de Hemingway, como é costume nos jornais quando percebem que está próxima a morte de alguém importante. Escarpit, talvez sem acreditar na urgência, engavetou o pedido.

Na segunda metade dos anos cinquenta, por insistência de Mary, acreditando que o processo revolucionário cubano estava ajudando o marido a se deprimir, o casal deu de passar longas temporadas em Ketchum, Idaho. Em 59, compraram aí uma casa, situada a uns dois quilômetros da cidade. Era um grande chalé em meio às montanhas, quase beirando o rio Big Wood, rodeado por faias, choupos e artemísias, tendo ao longe uma ampla vista de campos de algodão. Logo que fechou o negócio da compra, Hemingway partiu com Mary para o verão na Espanha. O principal objetivo dessa viagem era escrever uma reportagem para a revista *Life* sobre a situação atual das touradas. Para isto, Hemingway se pôs a percorrer a terra espanhola acompanhando Antonio Ordóñez e Luis Dominguín, toureiro já famoso e que estava namorando Ava Gardner. A rivalidade entre esses dois *matadores* era o que havia de mais espetacular naquele verão e Hemingway não queria perder lance algum. Achava que Ordóñez era o *matador* mais elegante e fenomenal dos últimos tempos. Acompanhá-los, a ele e a Dominguín, iria permitir um trabalho de reportagem com uma visão geral de como estavam as touradas.

A 21 de julho, deram uma trégua aos touros para que os sessenta anos de Hemingway fossem comemorados com uma grande festa na quinta em que ele estava hospedado, perto de Málaga. Em setembro, já no final da temporada, ele colocou um anúncio no jornal *Pueblo* suplicando ao batedor de carteiras que lhe surrupiara a sua que a devolvesse pois fora presente do filho Patrick. Bastava-lhe a carteira, com a estampa de São Cristóvão. O ladrão podia ficar com as nove mil pesetas como "um prêmio que a sua destreza merece". Claro que isso foi notícia no *New York Times*, mas não sei se a carteira lhe foi devolvida.

Findo o verão, Hemingway despediu-se da Espanha, país que tanto amou, embora jamais tenha amado alguma cidade espanhola como amava Paris ou Veneza. Amou a Espanha em sua totalidade: a terra, o povo, as festas, corridas, matadores e novilleros, picadores e touros. O vinho escorrendo da boca nos grandes goles e São João da Cruz e Góngora e Velázquez e El Greco e Goya. Não há porém referência à poesia, à música, à dança que se faziam na época na Espanha. Pode ser que haja, mas não encontrei em sua obra nenhuma referência à morte de Federico García Lorca, ocorrida logo no início da Guerra Civil e por muitos anos ocultada pelos poderes da ditadura.

A reportagem de Hemingway sobre a temporada 59 alongou-se tanto que foi publicada também como livro, *Verão Violento*, e serve como um complemento ao antigo *Morte ao Entardecer*.

Voltando da Espanha, o casal esteve em Paris numa estadia curta, suficiente para que ele pegasse uma gripe e comprasse um alfinete de brilhantes para Mary, que havia suportado suas irritações o verão inteiro. A barba cheia, grisalha e bem aparada, mais o cabelo embranquecido davam ao escritor a imagem definitiva.

Em Nova York, entregou à Scribner's os originais de seu novo livro, sobre Paris, aquele que, por causa do título, iria fazer meio mundo acreditar que Paris é sempre uma festa. Mas os originais ainda deviam ser devolvidos para uma nova revisão. Antonio Ordóñez e sua mulher vieram da Espanha e partiram todos para a Finca Vigía. Era a primeira estadia de Hemingway em Cuba desde a vitória da revolução. Foi recebido com festa em Havana. O povo da aldeia amontoou-se no aeroporto desejando-lhe boas-vindas. Ninguém podia desconfiar que fosse a sua última temporada na Finca Vigía.

Hemingway havia se isolado em Cuba numa época em que a cidade caminhava para o auge de um período dominado pela presença de americanos ricos. Por mais de trinta anos, Havana havia sido reduto de traficantes e contrabandistas, além de ser o grande balneário de mafiosos e outros endinheirados. Hemingway, porém, jamais viveu como um desses ricaços. Desde que comprou a Finca, e por todo o tempo em que esteve lá, viveu como um escritor bem-sucedido, que se resguarda para escrever, e como um havanês de posses, que se faz ao mar em seu próprio barco de pesca e percorre as ondas do Golfo praticando a pesca profunda e atracando diante de praias desertas para momentos de deleite com a mulher amada. Não frequentava cabarés ou cassinos mas, diariamente ia a Havana recolher a correspondência e sentar-se ao balcão dos seus bares preferidos, onde lia cartas, revistas e jornais enquanto tomava daiquiris duplos, sem açúcar. Embora vivesse à margem da sociedade havanesa, fez amizades com alguns cubanos. Mas, como em Paris, não se ligou a escritores e artistas locais. Embora nunca tenha se envolvido com a política do país e nunca tenha escrito sobre isto, simpatizou veladamente com a revolução vitoriosa em 59. Daí não ter sido rejeitado por ela. Deixou a ilha por sua situação de saúde; não simplesmente pelo momento nacional. Difícil saber o que teria acontecido com ele se tivesse permanecido na Finca. Mesmo sendo o nome internacional e mesmo sendo um amante do país, o novo governo teria aceitado sua riqueza ou teria desapropriado a Finca Vigía? Hemingway não esperou para saber. Partiu para os Estados Unidos, para sua casa de Ketchum, sem saber quando retornaria. Na verdade, Cuba e o Golfo ficavam para trás como, há quarenta anos, o Michigan e Oak Park haviam ficado para trás.

É de 1960 um poema de Evtuchenko, *Encontro em Copenhague* (publicado no Brasil em em tradução de Haroldo de Campos e Boris Schnaiderman), em que o poeta conta que, certa vez, viu um imitador de Hemingway e, só depois, ficou sabendo que era mesmo Hemingway. O retrato que faz dele é o daquela imagem de homem maduro e forte tão difundida na época, sem que o público soubesse da realidade que o escritor estava vivendo:

> "japona simples e capuz verde oliva,
> pele curtida (...)
> Mãos gretadas, com cicatrizes,
>   curtidas,
> sapatos grossos, arrastando solas,
> calças incrivelmente encardidas,
> era mais elegante do que todos em roda! (...)
> andar de pescador, pesado, lento,
> todo talhado num rochedo bruto,
> como através das balas,
>   através dos tempos.
> Caminhava, encurvado, como na trincheira..."

Mas o ano em que Evtuchenko escreveu seu poema foi também o ano em que se acelerou o sofrimento, a paixão do velho matador, que agora pesava cerca de oitenta quilos e vivia em constante e perigoso estado de depressão e melancolia. Tudo para ele sempre fora aceitável, menos viver sem poder escrever, escrever segundo as normas que se impusera desde a juventude. O ato de criar pela escrita era o seu salvo-conduto para estar no mundo. Sem isso, nada mais tinha valor; nem mesmo as pessoas amadas. Escrever, no entanto, se tornara um tormento que o dilacerava. A cada dia alterava a ordem dos capítulos de *Paris é uma Festa* com o mesmo apuro da juventude, mas com uma insegurança que jamais tivera. Sequer havia encontrado um título para o livro. A depressão tomava conta do homem sem que houvesse reação. Perdeu peso, chegando a setenta quilos, o que o deixava muito distante da antiga imagem de forte e poderoso. Deu também de achar que o FBI andava à sua procura por causa de declarações de imposto de renda. Sempre que via um tipo estranho em algum lugar achava que era algum agente disfarçado. Era o velho matador que agora se sentia alvo de perseguição. A antiga e acalentada ideia de suicídio retornava a cada dia, sempre com mais vigor, para desespero de Mary e dos amigos.

Com nome falso, foi internado várias vezes na Clínica Mayo, em Rochester, Minnesota, onde se internavam artistas de Hollywood com nomes falsos. Se suas internações viessem a público, não só cairia por terra a imagem de durão como os repórteres jamais sairiam da porta da clínica sem informações diárias. Chegando a primavera de 61, parecia impossível que Hemingway não se suicidasse, tantas foram as vezes que já havia planejado ou tentado. Submetido a um agressivo tratamento com sedativos e choques elétricos, não se recuperou. Suicidar-se já se tornara ideia fixa. Era ele mesmo planejando a própria morte. Ele, que tivera notícia de tantos suicídios ao longo dos anos (da indiazinha Prudy, do pai de Hadley, do seu próprio pai, daquele homem que se jogou no poço da Finca, daquela empregada de Mary e de tantos outros); ele, que sabia muito bem como acertar a cabeça puxando o gatilho de uma espingarda com um movimento de artelho; que fizera pacto com Bumby de que, se um dos dois, algum dia, quisesse matar-se, se encarregasse primeiro do outro. Ao longo da vida, quantas vezes pensara em suicídio, como nos cem dias de solidão, sem Hadley nem Pauline, e como durante um profundo e longo mergulho no oceano, quando pensou em não voltar à superfície!

Em maio de 61, Gary Cooper foi operado de um tumor na próstata e Hemingway ficou abalado com a morte do amigo, pouco depois. Ao ser internado na Clínica Mayo pela quarta vez, o doutor conseguiu fazer com que ele jurasse que não se mataria.

No final de junho, em Paris, finalmente Robert Escarpit deu por concluído e entregou o necrológio encomendado pelo *Monde*. Poucos dias depois seu artigo estampou-se no jornal, pois Ernest Hemingway quebrara a jura feita ao médico suicidando-se no amanhecer de 2 de julho de 1961, em sua casa de Ketchum, enquanto Mary ainda dormia.

Dilacerou a cabeça com um tiro de espingarda de cano duplo. Carlos Baker diz que foi uma Boss, calibre 12; Leicester, o irmão mais novo, afirmou que fora uma Richardson. Não houve testemunhas dos seus últimos momentos. Com certeza, o garoto evitou ruídos quando se levantou bem cedo e saiu pela casa à procura da chave do porão, onde estavam escondidas as armas e foi até lá e abriu o armário e retirou a espingarda e a preparou para a última caça. Terá utilizado, como ensinou a Martha, a velha técnica do artelho? Para evitar que colecionadores a disputassem, a família fez com que a espingarda fosse cerrada em vários pedaços que foram enterrados separadamente em lugares desconhecidos.

Essa morte em Ketchum iniciou um curto período de três anos (1961-63), em que os Estados Unidos da América perderam três dos seus mais poderosos mitos do século XX: Ernest Hemingway, Marilyn Monroe e John Fitzgerald Kennedy. De Hemingway, o disfarce de acidente foi logo desfeito, mas as mortes de Marilyn e de Kennedy permanecem envolvidas em mistério. E a marca de suicídio continuou pairando sobre a família Hemingway. Depois dele, sua irmã mais nova, Úrsula, suicidou-se em 66; Leicester, o caçula, em 82 e, recentemente, a neta Margaux, em 96.

Um mês depois da morte do marido, Mary Welsh voltou à Finca. Fez doações a amigos e empregados da casa. O barco foi oferecido a Gregorio Fuentes, velho companheiro das águas do Golfo e que fora piloto do Pilar desde 38. A Finca Vigía foi doada ao governo cubano e permanece quase como havia sido deixada pelos antigos moradores. Mary levou algumas coisas para os Estados Unidos, entre elas, os quadros de Miró, Juan Gris, Paul Klee e André Masson. E vieram as homenagens em Havana e nos arredores da Finca: praças e bibliotecas com o nome de Ernest Hemingway e placas e bustos. Norberto Fuentes diz que "só outro homem de letras supera Hemingway na devoção e na admiração dos cubanos: José Martí, o herói nacional". Transformada em Museu, a Finca Vigía é visitada pelos turistas que chegam à ilha e têm algum interesse pela vida do grandão.

Entre muitas outras providências de Mary Welsh, uma foi enviar à senhora Agnes von Kurowsky as cartas que ela havia escrito da Itália para Ernie, em 1919. O garoto as havia guardado por toda a vida. (Por muito tempo, o caso de amor entre Ernie e Ag perturbou a cabeça dos biógrafos que oscilavam entre a veracidade e a ficção do romance. Depois de localizada, Ag sempre negou que tivesse caído de amores pelo rapaz e que apenas o tratara como um jovenzinho. Não convenceu muito. Afinal, a diferença entre os dois era de apenas sete anos; Ernie já estava com dezenove e sem nenhuma aparência de neném. De minha parte, prefiro acreditar em *Adeus às Armas*, que recria o início do romance como intenso e ardoroso, e também nas cartas de Ernie aos amigos contando seu sofrimento com o fim do caso. Depois da morte de Ag, em 84, aos noventa e dois anos de idade, suas cartas serviram de base para o livro *Hemingway, no Amor e na Guerra*, de James Nagel e Henry Villard, que deu em mais um filme de Hollywood.

Às vésperas do suicídio, Hemingway estava com vários livros inacabados: *O Jardim do Éden*, que se passa naquela praia do sul da França, onde ele esteve em lua de mel com Pauline Pfeiffer; a continuação da trilogia sobre terra, mar e ar (publicada depois de sua morte como *As Ilhas da Corrente*) e *True at First Light*, sobre o último safári, aquele dos terríveis acidentes. Este livro teve alguns capítulos publicados na revista *Sports Illustred*, em dezembro de 71 e janeiro de 72, com o título *Diário da África*, e foi lançado nos Estados Unidos, em 1999, na comemoração do centenário de Hemingway, com organização editorial feita por Patrick Hemingway. Havia também o livro sobre sua juventude em Paris, escrito a partir dos cadernos abandonados e reencontrados no Ritz. Deste livro, faltavam apenas o título e a ordem definitiva dos capítulos. Mary Welsh, com a concordância do editor, decidiu chamá-lo *A Moveable Feast* (editado no Brasil como *Paris é uma Festa* e, na França, *Paris est une Fête*). O título foi extraído do trecho de uma carta de Hemingway a Aaron Hotchner: "Se você teve a sorte de viver em Paris, quando jovem, sua presença continuará a acompanhá-lo pelo resto da vida, onde quer que você esteja, porque Paris é uma festa móvel". Esta ideia de mobilidade (mais do que a de festa) é o que define a relação de Hemingway com Paris.

Em 1934, ele havia escrito na *Esquire* que "as pessoas lendárias acabam, usualmente, por escrever suas memórias". E chegara a vez dele. E sua memória, nos últimos anos de vida, está toda para a cidade amada. Revê Paris e presta contas do passado. Estampa as mágoas que perduraram, as pessoas antipáticas, aquelas que o irritavam e as que desprezou. Sobre elas, expõe pareceres, às vezes cruéis. Fala mal de Ford Madox Ford, cuja presença considera "penosa, ofegante e ignóbil". Afetuosamente, ironiza Scott Fitzgerald; denuncia a vida amorosa de Gertrude Stein. Mas é extremamente cordial e sincero com as pessoas que amou e que realmente o ajudaram, como Hadley, Sylvia Beach e Ezra Pound. Sem citar o nome, atira sobre Pauline a culpa de sua separação de Hadley. Mas, sobretudo, relembra a cidade em que se exercitou na escrita, onde se tornou um escritor e escreveu os primeiros livros. Nenhum outro lugar esteve mais presente em seu espírito e, por tanto tempo, em seu coração. Jamais esqueceu "o perfume das primeiras horas da manhã", a emoção que o dominava diante dos quadros de Cézanne, no Musée du Luxembourg, e do busto de Flaubert, numa alameda do jardim. Ao lado dos verbos amar, recordar e lembrar, o livro é dominado por adjetivos que revelam seu antigo estado de espírito em Paris: belo, bom, ótimo, lindo, feliz, maravilhoso...

Desde 1921, Hemingway sempre teve o coração voltado para Paris. Este amor é a matéria-prima de *Paris é uma Festa*, onde se encontram algumas das mais afetuosas páginas a respeito de sua juventude e da cidade que, por toda sua vida de adulto, esteve instalada dentro dele. Como disse Hotchner, "no léxico de Ernest, Paris e felicidade eram sinônimos". Vivendo em Paris, vivia num lugar "onde havia possibilidades de trabalhar e viver como eu queria, independentemente de ter ou não dinheiro, era como ter recebido um grande tesouro". Recorda que "em certos dias tudo corria tão bem e a natureza era recriada com tal nitidez em meus cadernos, que eu me sentia atravessando o bosque, chegando à clareira, subindo uma colina e de lá vendo as montanhas que se erguiam para além do braço do lago". Quando jovem, vivendo em Paris, sua memória e sua escrita estiveram voltadas para a América, mas, nos seus últimos anos, vivendo na América, eram dominadas por Paris.

Em cartas e reportagens de Hemingway, encontramos Paris nos anos trinta, nos quarenta e nos cinquenta, mas Paris, tal como aparece em sua obra de ficção e em seu livro de memórias, é sempre a cidade dos anos vinte: bondes subindo e descendo ruas, lâmpadas de acetileno, fiacres, luz de gás no interior das casas, trens noturnos carregados de legumes correndo sobre os trilhos dos bondes, pescadores à beira do rio, música de *accordéon* animando um *bal musette*, cabras ao amanhecer em Ste-Geneviève e cafés, muitos cafés. É Paris do ar livre, como se não existissem clubes, teatros, cinemas. Também não existem o Metrô nem os monumentos famosos; nem mesmo a Torre Eiffel ou o Arco do Triunfo. Exceção para Notre-Dame, mesmo assim vista de longe, nas sombras da noite. O que conta são as emoções, as ruas, o Sena e os cais do Sena; jardins, estádios, hipódromos e pintores, escritores, jornalistas, pescadores, operários, vagabundos, garçons... Se a umidade do inverno o fazia sair da cidade, a espera e a chegada da primavera o deixavam comovido. E não lhe escapavam os castanheiros debruçados sobre os jardins, as ruas, os cais. Deles, apanhava uma castanha que guardava no bolso para dar sorte. Ah, como amou aquela cidade "que devia fazer parte da educação de todo homem" e que, por ser móvel, estava com ele onde quer que ele estivesse. Quando era jovem, pobre e cheio de felicidade, Ernest Miller Hemingway amou Paris e amou Paris por toda a vida.

Cronologia de Paris

1899 – A cidade se prepara para a Exposição Universal de 1900.
Um incêndio na Bibliothèque de la Chambre de Commerce destrói 40 mil livros.
A principal moda na cidade é o balonismo.

1900 – 14 de abril – abertura da Grande Exposição Universal e inauguração da ponte Alexandre III.
Maio – inauguração do Grand Palais e do Petit Palais.
14 de maio – abertura dos II Jogos Olímpicos.
4 de julho – inauguração da Gare d'Orsay.
12 de julho – inauguração do funicular de Montmartre.
19 de julho – inauguração do Metrô com a linha 1: Porte de Vincennes-Porte Maillot.
30 de novembro – morte de Oscar Wilde, no 13 Rue des Beaux-Arts.

1901 – de 29 de janeiro a 1 de fevereiro – primeira greve no Metrô
Nascimento de André Malraux.
Chegada de Pablo Picasso.
Santos Dumont vence o Prêmio Deutsch de la Meurthe, para balões dirigíveis.

1902 – 12 de maio – morre o brasileiro Augusto Severo quando o dirigível que pilotava, acompanhado pelo mecânico Saché, explode no ar. Os detroços e os dois tripulantes mortos caem na Avenue du Maine, número 79.
5 de outubro – grandioso sepultamento de Émile Zola, no cemitério de Montmartre.

1903 – Reabertura do Moulin-Rouge, agora como *music-hall* e restaurante.
Estreia de Isadora Duncan, no Théâtre Sarah Bernhardt.
Primeiro Tour de France, com vitória de Maurice Garin.
10 de agosto – acidente no Metrô, na estação Couronnes, com mais de 20 mortos.

1905 – Início dos trabalhos de abertura do Boulevard Raspail.

1906 – 2 de setembro – primeiro domingo como repouso semanal.
Santos Dumont pilota o 14-Bis, realizando o primeiro voo com um aparelho mais pesado que o ar.

1908 – Traslado dos restos mortais de Émile Zola para o Panthéon.

1910 – de 20 de junho a 5 de julho – maior enchente do Sena desde 1658. Dezenas de ruas foram inundadas e barcos eram os únicos transportes. O nível do rio subiu 6,92 m e chegou a um metro no interior das Galeries Lafayette. Ficou famosa a fotografia da Rue Jacob com centenas de livros flutuando sobre as águas.

1912 – A França conquista o Marrocos.
Estreia de *Prélude a l'Après-midi d'un Faune*, pelos Ballets Russes, música de Claude Debussy, com Vaslav Nijinski.

1913 – Estreia de *Sagração da Primavera*, de Stravinsky, no Théâtre des Champs-Elysées.
Jacques Copeau funda o Théâtre du Vieux-Colombier, na Rue du Vieux-Colombier.

1914 – 4 de janeiro – Gioconda, a tela de Leonardo da Vinci, roubada dois anos antes pelo pintor italiano Perugia (como vingança pelos saques de Napoleão na Itália) é recuperada e volta ao seu lugar no Louvre.
Mobilização nacional para a guerra.
A França é invadida pelos alemães.
Setembro – morte de Charles Péguy, na batalha do Marne.

1917 – Morte de Auguste Rodin.

1918 – Lançamento do Manifesto Dadaísta. Passagem de Hemingway por Paris.
8 de março – violento bombardeio aéreo causando 13 mortos e 50 feridos.

1919 – As fortificações em torno da cidade são demolidas.
14 de julho – desfile monumental da vitória, grande multidão nas ruas.
16 de outubro – consagração da basílica do Sacré-Cœur.
Sylvia Beach abre a livraria Shakespeare and Company.

1920 – James Joyce chega a Paris.

1921 – Ezra Pound chega a Paris.
14 de julho – não há desfile da *Armée* por causa do rigor do verão: 38° C.

1922 – Lançamento de *Ulisses*, de James Joyce.
Morte de Marcel Proust.

1924 – Lançamento do Manifesto Surrealista, de André Breton.
Ezra Pound muda-se de Paris para a Itália.

1925 – Realização da Exposição Internacional de Artes Decorativas e Industriais lançando o *Art-Déco*.

1927 – Maio – chegada de Lindbergh a Paris, na primeira travessia do Atlântico em avião.

1928 – Henry Miller chega a Paris pela primeira vez.

1930 – Com uma população de 2.700.000 habitantes, os limites atuais da cidade são definidos: 10.540 hectares.

1932 – Nascimento de François Truffaut.

1937 – Lançamento de *A Regra do Jogo*, filme de Jean Renoir.

1938 – Sartre lança *A Náusea*.

1934 – 6 de fevereiro – motim em Paris.

1940 – 14 de junho – chegada dos soldados alemães a Paris

1944 – 19 a 25 de agosto – rebelião parisiense para expulsar os alemães. 26 de agosto – chegada do general de Gaulle, tedéum em Notre--Dame e desfile nos Champs-Elysées.

1945 – Lançamento de *O Pequeno Príncipe*, de Antoine de Saint-Exupéry.

1946 – Criação da Unesco, com sede em Paris.

1947 – Albert Camus lança *A Peste*.

1949 – O Metrô e os ônibus passam a ser coordenados pela RATP (Régie Autonome des Transports Parisiens).

1950 – Estreia mundial de *A Cantora Careca*, de Eugène Ionesco.

1952 – Morte do ator Louis Jouvet.
Estreia de *Esperando Godot*, de Samuel Beckett.

1954 – Primeiro apelo do Abbé Pierre aos parisienses, feito pelo rádio, em favor dos sem-teto.
10 de janeiro – traslado das relíquias de Ste-Geneviève, Padroeira de Paris, da igreja de St-Étienne-du-Mont para a Catedral de Notre-Dame.
Início da Guerra de Independência da Argélia.

1956 – Morte de Albert Camus, num acidente de carro.
Brigitte Bardot faz *E Deus Criou a Mulher*, de Roger Vadim.
2 de janeiro – primeiro incêndio ocorrido na Torre Eiffel, quando pegou fogo a cabine-relais de televisão no topo da torre.
2 de março – assinada em Paris a declaração de independência do Marrocos.

1958 – Charles de Gaulle volta ao poder; instalação da Quinta República.

1959 – Início da Nouvelle Vague, com os filmes *Hiroshima, meu Amor* (*Hiroshima, Mon Amour*), de Alain Resnais; *Acossado* (*A Bout de Souffle*) de Jean-Luc Godard e *Os Incompreendidos* (*Les Quatre-cents Coups*), de François Truffaut.

1960 – 1 de janeiro – alteração na moeda francesa com a circulação do novo franco: 1 NF equivalendo a 100 francos antigos.

1961 – Ano da morte de Hemingway. Em 17 de outubro aconteceu, pelo Quartier Latin, uma manifestação pacífica de 20 mil argelinos pró-libertação da Argélia, quando foram agredidos violentamente pela Polícia Francesa resultando em mais de 200 mortos a coronhadas, espancamento ou atirados no Rio Sena.

Cronologia de Hemingway

1899 – 21 de julho – nasce em Oak Park, Estado do Illinois, EUA.

1900 – Seus pais constroem um novo chalé em Horton's Bay, no Alto Michigan.

1902 – Recebe do pai, como presente de aniversário, um boneco (um esquimó) que se torna seu brinquedo favorito. Pela primeira vez sai para pescar, com o pai, doutor Clarence Edmonds Hemingway, um médico amante da arqueologia, da caça e da pesca.

1906 – Ernest passa a brincar com um amigo, no Michigan: nadam e pescam no lago, pegam carona nos trens, em vagões abertos carregados de madeira.

1909 – Ganha livros como presentes de Natal: *Ivanhoé* (Walter Scott), *Robinson Crusoé* (Daniel Defoe) e *Contos de Natal* (Dickens).

1910 – Indo, com a mãe, Grace Hall Hemingway, passar uns dias na ilha de Nantucket, viaja de navio e pela primeira vez vê o mar.

1911 – Escreve seu primeiro conto, chamado *Minha Primeira Viagem Marítima*, baseado nos dias que passou naquela ilha. Recebe de presente do avô, Anson Hemingway, veterano da Guerra Civil, uma garrucha, calibre 20.

1912 – Trabalha como ator, com os colegas de turma, numa adaptação de *Robin Hood*.

1913 – Início dos estudos no Oak Park High School. Escreve um bilhete ao pai: "A minha conduta no Coliseu, ontem, foi ruim e a minha conduta esta manhã na igreja também foi ruim. O meu comportamento amanhã será bom". Certa noite, durante as férias no Michigan, Ernest e companheiros lêem *Drácula*, de Bram Stoker. De madrugada, acorda aos gritos tendo horríveis pesadelos.

1915 – Durante o verão, percorre as margens do lago na lancha a motor do pais, vendendo cereais e legumes frescos nos hotéis e chalés. Pelo seu aniversário, recebe uma mensagem do pai dizendo-se "feliz e orgulhoso por você ter se tornado um moço forte, viril e de caráter, e espero que o seu desenvolvimento continuará simétrico e em harmonia com os nossos supremos ideiais cristãos".

1916 – Tem aulas de boxe numa academia particular de Chicago. Leva muitas pancadas, mas se inicia nas técnicas da luta. Em casa, usa o salão de música para treinar. Pratica também rugby, natação, polo e canoagem. Escreve e publica alguns contos no jornal da escola em que estuda.

1917 – Em junho, termina o curso no secundário e para de estudar. Em outubro, parte para Kansas City, onde trabalha no *Kansas City Star* até abril de 18.

1918 – Consegue ser aceito como motorista para servir à Cruz Vermelha, na Itália, onde dirige ambulâncias. Conhece John dos Passos. Na noite de 8 de julho, é gravemente ferido. Levado para Milão, recupera-se no hospital militar, onde namora a enfermeira Agnes Hannah von Kurowsky.

1919 – Volta para casa, como herói de guerra. Sofre com a rejeição de Agnes e se recupera no chalé do Michigan.

1920 – Passa alguns meses em Toronto e trabalha no *Toronto Star*. De volta, passa a morar em Chicago, onde trabalha como jornalista. Conhece Sherwood Anderson, de quem se faz amigo, e Elizabeth Hadley Richardson, por quem se apaixona.

1921 – Casa-se com Hadley. Em dezembro, o casal viaja para Paris, onde fixa residência na Montagne Ste-Geneviève.

1923 – Volta a Toronto com a mulher para o nascimento do primeiro filho, John.

1924 – Retorno a Paris, indo morar na Rue Notre-Dame-des-Champs.

1925 – Conhece Pauline Pfeiffer e se apaixona por ela, sem deixar de amar Hadley.

1926 – Separação de Hadley. Lançamento de *O Sol Também se Levanta.*

1927 – 10 de maio – casamento com Pauline Pfeiffer, em Paris.

1928 – Nascimento de Patrick Hemingway. Suicídio de seu pai, aos 56 anos de idade.

1930 – Sofre o primeiro acidente grave, dirigindo um carro no Wyoming. O escritor americano Sinclair Lewis ganha o Prêmio Nobel.

1931 – Os móveis da casa da Rue Férou são despachados para Key West e Hemingway deixa Paris definitivamente. Fixa residência em Key West.

1932 – Nascimento de Gregory Hanckock Hemingway, seu terceiro filho. Começa a fazer viagens a Cuba.

1933 – Primeiro safári na África.

1934 – Compra do barco de pesca Pilar.

1935 – Em *New Masses*, denuncia a morte de centenas de ex-combatentes americanos em Matecumbe: *Quem Assassinou os Veteranos?*.

1936 – Agosto – Aparece *As Neves do Kilimanjaro*, na *Esquire*.
Setembro – Aparece *A Vida Feliz de Francis Macomber*, na *Cosmopolitan*.
O dramaturgo americano Eugene O'Neill ganha o Prêmio Nobel.

1937-1938 – Participação na Guerra Civil Espanhola, como correspondente.
Torna-se amante de Martha Gellhorn.
Participa de uma campanha de arrecadação de fundos e compra de equipamentos médicos para a Espanha.
Discursa no Congresso Nacional de Escritores Americanos.

1938 – A escritora americana Pearl S. Buck ganha o Prêmio Nobel.

1939 – Compra a Finca Vigía, em San Francisco de Paula, onde passa a morar.

1940 – Morte de Scott Fitzgerald.
Divórcio de Pauline.
Casamento com Martha Gellhorn.
Viagem ao Oriente.

1942 – Cria uma agência de operações anti-nazistas, a *Crook Factory*, com sede na Finca.

1942-1944 – Perseguição de submarinos alemães no Golfo do México.

1944 – Como correspondente de guerra, participa da libertação da França.

1945 – Divórcio de Martha Gellhorn.

1946 – Casamento com Mary Welsh.

1947 – Morte de Maxwell Perkins, seu editor na Scribner's.
John, o filho mais velho, casa-se com Byra Whittlesey Whitlock.

1948 – O escritor americano T.S. Eliot ganha o Prêmio Nobel.

1950 – Começa a ser realizado, em Cuba, o Concurso Hemingway de pesca profunda.
O escritor americano William Faulkner ganha o Prêmio Nobel.

1951 – Morte de sua mãe, Grace Hall.
Morte de Pauline Pfeiffer.

1952 – Morte de Charles Scribner.

1953 – Segundo safári na África.

1954 – Graves acidentes na África.
Prêmio Pulitzer, por *O Velho e o Mar*.
Prêmio de Mérito, da Academia Americana de Artes e Letras.
Prêmio Nobel.

1959 – Declaração pública de sua adesão à Revolução Cubana.

1960 – O escritor americano John Steinbeck ganha o Prêmio Nobel.

1961 – Morte de Gary Cooper, em maio.
2 de julho – Morte em Ketchum.

Bibliografia de Hemingway

(Edições lidas e consultadas pelo autor)

The Torrents of Spring, Granada Publishing, 1979.

O Sol Também se Levanta, Civilização Brasileira, 1986, trad. Berenice Xavier.

Adeus às Armas, Companhia Editora Nacional, 1958, trad. Monteiro Lobato.

Death in the Afternoon, Granada Publishing, 1982.

As Verdes Colinas de África, Edição Livros do Brasil, s/d., trad. Guilherme de Castilho.

Uma Aventura na Martinica (*To Have and Have Not*), Livraria Exposição do Livro, s/d., trad. Aydano Arruda.

A Quinta Coluna, Civilização Brasileira, 1986, trad. Ênio Silveira.

Por Quem os Sinos Dobram, Companhia Editora Nacional, 1983, trad. Monteiro Lobato.

Contos, Civilização Brasileira, 1986, trad. A. Veiga Fialho.

As Aventuras de Nick Adams, Artenova, 1973, trad. Hélio Pólvora.

Do Outro Lado do Rio, Entre as Árvores, Civilização Brasileira, 1985, trad. José Geraldo Vieira.

O Velho e o Mar, Civilização Brasileira, 1985, trad. Fernando de Castro Ferro.

Verão Violento, Edição Livros do Brasil Lisboa, 1987, trad. Eduardo Saló.

Paris é uma Festa, Civilização Brasileira, 1985, trad. Ênio Silveira.

As Ilhas da Corrente, Editora Nova Fronteira, 2a ed. s/d, trad. Milton Persson.

Ernest Hemingway, Repórter, Tempo de Viver, Civilização Brasileira, 1969, trad. Álvaro Cabral.

Hemingway Repórter, Tempo de Morrer, Civilização Brasileira, 1969, trad. Álvaro Cabral.

O Jardim do Éden, Editora Nova Fronteira, 1987, trad. Wilma Freitas Ronald de Carvalho.

Contos vol. 2, Civilização Brasileira, 1997.

88 Poèmes, Gallimard, 1989, *traduits de l'anglais par* Roger Asselineau.

Lettres Choisies, 1917-1961, Gallimard, 1986.

Filmografia de Hemingway

1932 – *Adeus às Armas*, de Frank Borzage. Roteiro de Benjamin Glazer e Oliver H.P. Garrett. Com Gary Cooper, Helen Hayes, Adolphe Menjou. (Paramount)

1937 – *A Terra Espanhola*, documentário sobre a Guerra Civil da Espanha, realizado por Joris Ivens com texto de Hemingway, John dos Passos e Archibaldi MacLeish. (Contemporary Historians Inc.)

1943 – *Por Quem os Sinos Dobram*, de Sam Wood. Roteiro de Dudley Nichols. Música de Victor Young. Com Gary Cooper, Ingrid Bergman, Akim Tamiroff, Katina Paxinou, Arturo de Córdoba. (Paramount)

1944 – *Uma Aventura na Martinica* (título brasileiro de *To Have and Have Not)*, de Howard Hawks. Roteiro e diálogos de William Faulkner e Jules Furthman. Música de Léo Forbstein e Hoagy Carmichael. Com Humphrey Bogart, Lauren Bacall, Marcel Dalio, Peter Lorre, Sydney Greenstreet, Walter Brenan. (Warner Bros.)

1945 – *Os Assassinos*, de Robert Siodmak. Roteiro de Anthony Veiller. Música de Miklós Rósza. Com Burt Lancaster, Ava Gardner, Edmond O'Obrien. (Universal.)

1947 – *A Breve e Feliz Vida de Francis Macomber*, de Zoltan Korda. Roteiro de Casey Robinson e Seymour Bennett. Música de Miklós Rósza. Com Gregory Peck, Joan Bennett, Robert Preston. (United Artists)

1949 – *Under My Skin*, de Jean Negulesco, baseado no conto *Meu Velho*. Roteiro de Casey Robinson. (O título francês é *La Belle de Paris*.) Com John Garfield, Orley Lindgren, Micheline Presle. (Fox)

1950 – *The Breaking Point*, de Michael Curtiz (segunda versão de *Ter e Não Ter*). Roteiro de Ronald McDougall. Com John Garfield, Patricia Neal, William Campbell. (Warner Bros.)

1952 – *As Neves de Kilimanjaro*, de Henry King. Roteiro de Casey Robinson. Música de Bernard Herrmann. Com Gregory Peck, Susan Hayward, Ava Gardner, Hildegard Neff, Marcel Dalio, Leo G. Carroll. (Fox)

1957 – *Adeus às Armas*, de Charles Vidor. Roteiro de Ben Hecht. Música de Mario Nascimbene. Com Rock Hudson, Jeniffer Jones, Vittorio De Sica, Alberto Sordi, Mercedes MacCambridge, Franco Interlenghi, Oscar Homolka. (Fox)

1957 – *E Agora Brilha o Sol*, de Henry King. Roteiro de Peter Viertel. Música de Hugo Friedhofer. Com Tyrone Power, Ava Gardner, Juliette Gréco, Errol Flynn, Mel Ferrer, Eddie Albert, Marcel Dalio, Robert Evans. (Fox)

1958 – *The Gun Runners*, de Don Siegel (terceira versão de *Ter e Não Ter*). Com Audie Murphy, Eddie Albert, Patricia Owens.

1958 – *O Velho e o Mar*, de John Sturges. Roteiro de Peter Viertel. Música de Dimitri Tiomkin. Com Spencer Tracy, Felipe Pazos, Harry Bellaver.

1962 – *As Aventuras de um Jovem*, de Martin Ritt. Roteiro de Aaron E. Hotchner, baseado em vários dos contos de Nick Adams. Com Richard Beymer, Jessica Tandy, Paul Newman, Susan Strasberg, Juano Hernandez. (Warner Bros.)

1964 – *Os Assassinos*, de Don Siegel. Roteiro de Don Siegel. Com Lee Marvin, John Cassavetes, Angie Dickinson, Ronald Reagan.

1968 – *Big-two Hearted River*, curta metragem.

1970 – *My Old Man*, produção de Larry Yust.

1977 – *A Ilha do Adeus*, de Franklin J. Schaffner. (Baseado em *As Ilhas da Corrente*.) Com George C. Scott, Claire Bloom, David Hemmings, Gilbert Roland.

1997 – *No Amor e na Guerra*, de Richard Attenborough. Roteiro de Allan Scott, Clancy Sigal e Anna Hamilton Phelan. Com Chris O'Donell, Sandra Bullock.

Bibliografia básica sobre Hemingway

Ernest Hemingway – Philip Young, Livraria Martins Editora, 1963.

Ernest Hemingway, O romance de uma vida – Carlos Baker, Civilização Brasileira, 1971.

Hemingway, o escritor como artista – Carlos Baker, Civilização Brasileira, 1971.

Ernest Hemingway – Anthony Burgess, Jorge Zahar Editor, 1973.

Entrevista à Paris Review, in Escritores em ação, Paz e Terra, 1982.

Hemingway em Cuba – Norberto Fuentes, LP&M, 1986.

O jovem Hemingway – Peter Griffin, Jorge Zahar Editor, 1987, trad. Álvaro Cabral.

Papa, uma biografia pessoal – Gregory Hemingway, Editora Record, s/d.

Papa Hemingway – A. E. Hotchner, Livraria Bertrand, s/d.

O inferno privado de Hemingway – Milt Machlin, Gráfica Record Editora, 1967.

Ermest Hemingway – Julian Nazário, Editora Ática, 1988.

Hemingway na Espanha, A outra pátria – Eric Nepomuceno, L&PM, 1991.

O autor agradece a todos os biógrafos, críticos literários, jornalistas, tradutores e fotógrafos que, com seus trabalhos, o fizeram conhecer melhor Ernest Hemingway e escrever este livro.

https://www.facebook.com/GryphusEditora/

twitter.com/gryphuseditora

www.bloggryphus.blogspot.com

www.gryphus.com.br

Este livro foi diagramado utilizando as fontes Adobe Caslon Pro, GillSans-Light e Fairfield LTStd e impresso pela Gráfica Vozes em papel polen soft 80 g/m² e a capa em papel cartão supremo 250 g/m².